自分実現力

Singer & Songwriter

冨永裕輔

The Catch!

言視舎

プロローグ

暗闇のなかに一筋の光が射した。

初めて浴びるスポットライトは、目が眩むほど強く、汗がほとばしるほど熱を帯びていた。

そしてその光は、私の人生の暗闇に射し込んだ光でもあった。

2000年夏、高校2年生の文化祭。それが私にとっての人生初ステージ。体育館とはいえ、文化祭のためにプロの音響・照明が入った舞台に立つと、そこはまるで別世界だった。暗闇のなかに500人ほどの息づかいを感じる。

指の震えを感じながらも、大きく深呼吸をして鍵盤を叩いた。そしてザ・ビートルズ「Let It Be」を歌い終えたとき、今まで浴びたことがないほどの波のような拍手が返ってきた。それは私の存在を肯定してくれる、温かな愛に満ちた響きとなって私の胸にこだました。心の霧が晴れていった。

そのとき私は、やっと自分の居場所を見つけたと思った。

居場所というものを特に意識しないでいられるのは、居場所があるということであり、幸せなことだと思う。当時の私は居場所を探していた。教室にもグラウンドにも家にも、それを見つけられず、心のなかにいつも冷たい風が吹きすさぶように空しさが消えなかった。大人に近づく年齢のなかで、将来のこと、進路のこと、生きる意味、目的、そんなことを悩み、考える時間こそたくさんあるものの、答えはどこにも見当たらなかった。

そしてそんな思いを打ち明け共有し合える仲間や、仲間と過ごす場所がなかった。

いや、あるにはあった。しかし、何かが違う。ここは本当の居場所ではないといつも思っていた。それは、自分自身が自分らしさという愛に満ちた岸から漂流し、自分を肯定できずにいたからだった。本当は、愛はそこかしこに存在していた。

漂流の末に自分らしさを求めたとき、船は与えられた。私には音楽という帆を張った船だった。その船に乗り、心のなかの太陽が輝いたとき、人生の旅に追い風が吹いていった。そして夢が一つひとつ現実になっていった。

*

幼い頃から大好きだった歌を通して、多くのことを経験し学んできました。そこに至るまでの道のりは試練、挫折、逆境の連続でもありました。しかしそれを通してしか気づけないこともあり、すべてのことに意味がありました。困難は成長のパートナーですし、逆境こそが実現のチャンスだと思います。

人生にはその時々で、今の自分に最も必要なことが贈られているんだと思います。その最中にあるときは、なかなかそのような大きな視点で考察することは難しいものです。私自身の経験を振り返り、夢を実現するために大切なことは何かの、少しでもヒントになることがあればと思い、この本を書いてみようと思いました。

夢を実現することにおいても、まずは自分とは何者なのか、どんな人間なのかということと向き合い、己を知るという過程が根底として大切になると思います。なにが好きか、なにをしているときに胸がワクワクするのか、どんな大人になりどんな人生を歩み、やがてどのように世の中に貢献していけるのか。自分らしさに気づけたときに、夢は加速度を増して実現していきます。自分を実現するということが、そのまま夢の実現を、そして実り豊かな人生をもたらしてくれます。

時に人生に訪れる悩みの淵に立てば、揺れ動いては不確かにも思える自分らしさ、自分の心というもの。その生涯を共に生きる自分自身というものをしっかりとつかむこと（「The Catch!」）が、夢の実現の第一歩であり、最後まで一貫して肝要な人生の黄金律ではないかと思います。

目次

Part 3

Part 1
【The Catch!】夢見る少年

「どうせ自分なんか」

「所詮自分はこの程度」

こんなふうに自分で自分をあきらめてしまう人も多いと思う。

だけど、その「どうせ」とか「所詮」って、ほんとうに自分の内側から発せられた言葉だろうか？ もしかして、いつか誰かに言われたことがトゲのように刺さっているだけでは？

30数年生きてきて、そんな誰かの適当な一言に傷つき、トゲを抜くことすらやめてしまった人を何度もみてきた。正直言って、もったいない。

幼少期

小学校時代
（バスケットボールの大会に出場）

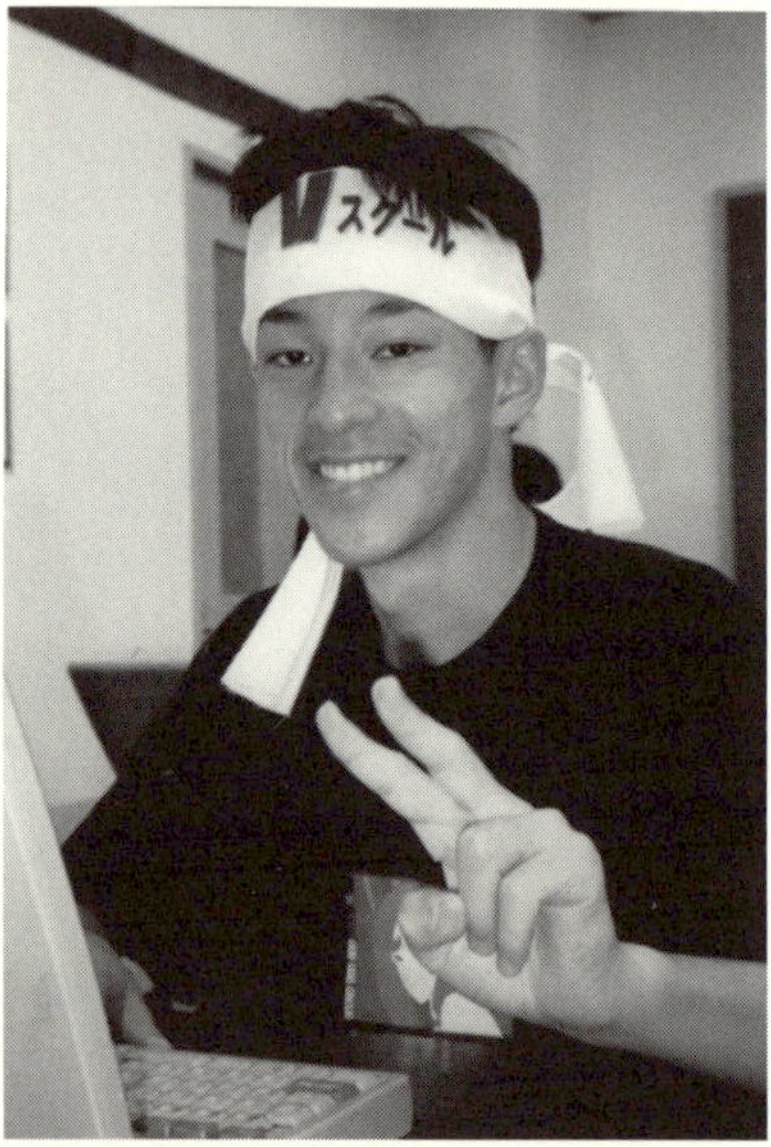

受験勉強
（築山塾東進衛星予備校の夏合宿にて）

1　子ども時代、幼少期

♪教室にひとり置き去り♪

１９８４年3月22日、私は熊本市の日赤病院で生を受けた。生まれながらに命の危機もあったそうだ。サラリーマン一家の長男として上には5歳離れた姉がいた。熊本市東区長嶺の長屋で数カ月を過ごした後、福岡市南区へ。そして3歳になった頃、父の転勤で北九州市の小倉南区へ転居。以後18歳で上京するまでをその地で過ごすことになる。

早生まれということもあってか、小学校低学年までは周りについていけずなんでもスローペースだった。あるときは授業が始まっても教室には私しかいない。教室を飛び出しクラスメイトを探して回ったら、校庭の花壇の前にクラスメイトも先生もいた。誰も私がいなかったことに気づかずに授業は始まっていた。怒られたり笑われたりしなくてホッとしたが、次の時間は校庭の花壇で植物の観察だという説明すら、私だけ理解できていなかったのだ。同級生はみんな自分より大人に見えて、なんでついていけるのかまるでわからなかった。

そんなわけで引っ込み思案で遠慮がちな幼少時代だった。欲しいものがあっても、争いになるくらいなら自分が身を引くような性格だった。気の強い子とうまくやるのは苦手だった。友達とゲームで遊んでいても自分の番がなかなか回ってこなくて、「どうせやってもできんやろ」と言われる始末だった。やってみると意外とできたりした。あまり好きではなかったが通っていたスイミングスクールでは、乱暴な子に理由もなく腹を殴られた。理不尽さに悔しく思ったがやり返しはしなかった。

そんな私に、親はよく自己主張をするように促した。それでも大勢でいて心が傷つくより一人遊びをしているほうが好きで、よく空想にふけったり絵を描いたりしていた。

◇それぞれの性格やペースで

♪きっかけは車酔い克服♪

休日になると車でよく九州各地へ家族旅行に連れて行ってもらった。それで今でも旅が好きだ。しかし当時は車酔いが激しく、1時間も車に乗っていると必ずと言っていいほど嘔吐していた。祖母がいる福岡市南区や、祖父母がいる柳川までも車で2時間はかかっていたので、祖父母やいとこに会える楽しみの前に車酔いの恐怖があった。

しかしあるとき、カーステレオに合わせてお腹から声を出して歌っていると車酔いしないことを発見して、車の旅がいっきに楽しみになる。

車酔いは三半規管の異常から引き起こされる。足を踏ん張ってお腹に力を入れて声を出すと、三半規管が揺られずに酔わなくなったのだ。それ以来、車内は楽しいライブ会場となった。

大好きなアニメソングを歌えば勇敢なヒーロー達や優しい森の守り神が車内に現れた。ＮＨＫみんなのうたを家族で合唱すると、窓の向こうの景色はスイスの山並みやメトロポリタン美術館へと変わった。後部座席に並ぶ姉と、ゲーム音楽を「トゥットゥットゥットゥッー♪」とか「タラタッタッター♪」など自由なスキャットで歌った。勇者達の冒険と共に旅をしているような気分になった。

これらの遊びの時間が、腹式呼吸や発声の効果的な練習にもなっていたようだ。

◇子どもの頃に大好きだったことに自分らしさのヒントがある

♪病気が生きる意味を教えてくれた♪

幼稚園のときに大きな病気にかかり、数カ月間入院生活を送った。あと少し遅ければ命も危なかったそうだ。そのとき経験した痛みや苦しさは時とともに薄れていったが、人からもらった優しさ、愛はその後もずっと消えることがなかった。

同じ病室で闘病した人たちとは、一種の運命共同体のような絆があった。治療の段階が進んで点滴の針が外されるような日は、お互いの家族に拍手を送ってお祝いをした。看護師さんも売店のおばちゃんもいつも優しくしてくれた。家族は簡易ベッドを並べて寄り添ってくれた。

そんな入院生活のなかで、印象的な一日があった。

院内のプレイルームで、私よりも重い病と闘うお兄さんお姉さんと遊ばせてもらったのだ。今日は体調が良いから特別にということだった。

緑の絨毯の上で大きな野球盤を囲み、私に打たせてくれた。初めての野球盤だった。私が何回かの失敗の末にうまく銀色のボールを弾き返せたとき、お兄さんもお姉さんも自分のことのように喜んで笑顔で拍手してくれた。私は嬉しくて一緒になって笑った。

次はラジオを聴かせてくれた。ラジオからは、人気アニメ「ドラゴンボール」の声優さんの声が聴こえてきた。主人公の孫悟空が厳しい修行の果てに、神様の住む神殿にたどり着いたところだった。一緒になって目を閉じると、同じ映像を見ている気がした。

短い時間だったけど、そのとき彼らがくれた優しさ。自分のほうが大変な病と闘っているのに、年下の私のために優しく笑顔で接してくれた。たくさんの喜びを与えてくれた。病気の辛さなんか微塵も感じさせなかった。生が輝いていた。輝く生は他の人の生も輝かせる力がある。彼らの存在が大きな愛そのものだった。

その後、私は無事に退院して幼稚園に戻ることができた。大学を卒業するまで毎年の検診が欠かせなかったが、今はもうその必要もなく完治している。入院したことも長らく続いた検診も、親は申し訳なく思っていたようだが、私にとっては愛に囲まれた場所へ帰るのがいつも楽しみだったから、すべてが良い思い出となっている。

病室やプレイルームで過ごした人たちとはその後の人生では二度と会うことがなかったが、私の心のなかの温かな場所に存在している。同世代と離れてなぜそのような経験をしたのか。なぜ助かったのか。そして助かった命をどう使って残された人生を生きたらいいのか。その自己への問いはそれ以降も、常に感じ続けることとなった。

あのときにもらったたくさんの愛を、自分らしい生を目一杯生きて返していくことが、その答えなのではないかと今思っている。

◇すべての出会いは必然で　自分へのメッセージ

「You're　Angel」

作詞作曲　冨永裕輔

遠くから来たあなたを　勇敢なあなたを
みんな愛しています　ずっと信じています
遠くまでゆくあなたの　心とともにいます
こうして出逢えたことに　心からありがとう

自由な時の中　あなたが笑ってる
きっとまた逢えるね　幸せな明日に

You're Angel　My Angel
翼羽ばたかせて　叶わない夢はないと
ぼくに教えてくれる

You're Angel　My Angel
もう苦しまなくていい
愛の中でおやすみ
夢の中で遊ぼう　空を飛んで

♪ふるさとの自然で大冒険　わんぱく少年♪

自然豊かな小倉南区で私はすくすくと成長して、脳も体も周りに追いつくとわんぱく少年になっていた。教室の窓からは裏山の竹やぶが揺れ、学校を出れば一面の稲、その向こうには貨物列車がゆっくり走り、線路の上を映画の「Stand By Me」みたいに歩いた。山で大きな猪が死んでいたと聞けば、みんなで見に行った。学校が終わると裏山の防空壕を探検したり、木の上に秘密基地を作ろうとして失敗したり、野山に虫を追いかけ川で魚を捕まえた。木の実をレンガですりつぶして原始的な料理のまねごとをしたり、帰り道に生っている蛇苺をつまんで食べてみるととても甘かった。ドブ川に自転車ごと転落して、ひどい臭いで帰宅することもあった。怪我もよくした。体に傷が残るような危ないこともたびたびあったが、いつもぎりぎりで助かった。悪運が強いと言われた。

季節ごとに風は異なる匂いがした。木々や花々の香り、季節の機微。雨上がりの森をクラスメイトと冒険すると胸がキュンとした。足の裏の地面の熱を感じた。ここが私の心の原風景であり、感性を育ててくれた源である。

◇心の原風景を思い出す

♪脳を成長させる方法♪

遊びに夢中になっていた結果、成績は良くなかった。5段階評価でいったら2のオンパレードのようなレベルで、親は2がアヒルに見えることからアヒルの行進と自嘲気味に笑っていた。

4年生の夏休みに勉強をがんばろうと親からはっぱをかけられた。がんばれではなく、一緒に取り組もうと、課題にともに向き合ってくれたのでやる気が出た。そのときに親から言われた印象的な言葉がある。

「脳は考えれば考えるほどしわが刻まれて頭が良くなる」

それ以降の人生では物事をより深く考えるようになった。ひとつの出来事でもそれをより深く掘り下げ、多角的な目線で考察してその意味を考えるのが癖になった。その度に、脳にしわが刻まれていくことをイメージした。

その夏休みで成績がV字回復する。その変化に驚いた先生が、先生達の教育研究会で私のことを発表してくれたほどだった。やる気ひとつで生徒は大きく変わるという例にあげてもらった。通知表の評価が一段階上がるのがいかに大変なことかと、褒めてもらった。

◇大人が子どもの可能性を信じて　ともに向き合いやる気を引き出せば大きく成長する

♪大好きだったサブちゃん先生♪

そのときの担任の男性I先生は、生徒にのびのびやらせてくれる先生だった。あるとき先生が髪を短く切りすぎて北島三郎さんみたいになった日から、生徒は先生をサブちゃんと呼んだ。先生は怒ることなく恥ずかしそうに頭をかいて笑っていた。

みんな先生のことが大好きだったので、クラス替えをしないでとみんなでホームルームの時間に泣きながら訴えたこともあった。サブちゃん先生はそのときも困ったような嬉しいような顔をしながら笑っていた。

大人から見たら小学生は子どもに見えるが、子どもには子どもの立派な世界があり、大人が思う以上にいろんなことをわかっていた気がする。信頼してくれたらそれを裏切ることはしたくなかった。そして先生から信頼されている安心感は教室に広がり、子ども達のなかにも一致団結した空気があった。「子どもはこの程度だから」と大人が決めてしまえば、それ以上に成長することはできなくなってしまう。無限の可能性を持っていることを周りが信じてあげると、本人達も自分で自分に蓋をすることはない。信頼して自主性を尊重してあげることが、子どもの成長を促すことになると思う。それぞれが持つ好きなこと、得意なこと、苦手だけど克服したことをちゃんと見てあげて、それを伝えるだけで、子どもの笑顔がキラキラと輝き、喜びを栄養に心がどんどん育つ。教育は押し付けではなく、信じて尊重してともに成長を期待して見守る、パートナーのようなものだと思う。

◇無限の可能性を持っていることを周りが信じてあげる

♪肯定されて伸びる自分らしさの種♪

高学年のときの担任の先生から、国語の授業で朗読を行なったときに言われた言葉がずっと心に残っている。

「冨永くんは声を使った仕事が合っているね」

先生にとってはそのときに感じた何気ない一言かもしれないが、その言葉が励みとなり大人になって歌手になると実際にナレーションの仕事もするようになる。そしてそれは、小学校の頃からの自然なことであるように感じられたから自然体で臨めたし、先生の言葉を心で反芻すると、自信が湧いて喋ることができた。

図工の時間に描いた絵が廊下に貼られて、それを見た違うクラスの先生から、
「あなたの絵好きよ」
と言われたことがある。絵を褒めてもらえた嬉しさとともに、自分をちゃんと見てもらっているということが嬉しかった。今でも絵を描くのが好きだ。

またあるときは、中学校の夏休みの読書感想文で自信を持たせてもらった。夏目漱石の「坊っちゃん」の感想文なのだが、正直まったくうまく書けた内容ではなかった。先生から返ってきた原稿用紙には、きっと厳しい言葉が書かれてあると覚悟して開いた。

するとそこには、
「そういう見方もあるのですね。面白かったです」
と赤ペンで書かれていた。

もしかしたら先生も、私の感想文の出来栄えが拙いことはわかっていたのかもしれない。それでも否定するのではなく、そのなかに肯定できる点を見出して私に返してくれた。

これで私は一気に国語が好きになった。文章を書くことが好きになった。やがてそれは私を作詞に向かわせた。

極めつけは中学2年生のときの歌のテストである。

元気がよく声が大きくて厳しさもあるA先生から出された課題は、イタリア語で「サンタ・ルチア」を暗譜して歌うという、なかなかの難易度のテストだった。歌詞を覚えるという難関をクリアしても、もうひとつ大きな難関を越えなくてはならなかった。それはクラスメイト全員の前で一人で歌うという恥ずかしさだった。まさに思春期のど真ん中である。男子も女子もいる。ほとんどの生徒が、歌詞は覚えていても小さな声でボソボソと歌うか、一言も発しないで歌が終わるという生徒もいた。

私ももちろん恥ずかしい気持ちがあったが、大好きな歌で中途半端なことをすると後悔すると思い、心を決めた。小学校から追求した頭に響かせる発声で大きな声で歌い切った。

小学4年生、連合音楽会という合唱の舞台に向けて、音楽に精通した先生から歌の指導を受けたときのこと。

「発声は頭のてっぺんから声を出すのよ、ア〜〜♪」

お手本で頭から響かせる美しい発声をやってみせてくれたM先生が私の発声の恩師。その歌声はとても美しく響き、あんなふうに歌いたいと心が弾んだ。

音楽室はシーンとなり、次の瞬間にA先生の声が響いた。

「冨永すごーい、100点〜!!」

これで一気にそれまでの重苦しい空気が一変し、次の生徒も大きな声で歌うようになった。すると次の生徒も100点だった(笑)。

とにかく、なにかのテストで100点を取ったような記憶もない私が、歌をもっと好きになり、やがて歌がアイデンティティになっていくには充分な体験だった。

後にプロになってから、このときのA先生がおられる学校で歌う機会があった。記憶をたどり「サンタ・ルチア」を即興で歌ったら、

「100点〜!!」

という変わらない先生の元気な声が返ってきた。

今日まで、私はそのとき求めた歌声のイメージで頭に音を響かせるようにして歌っている。

大人になってからその頃の友達と話す機会があったとき、当時から私は「綺麗な声で歌いたいんだ」と話していたそうだ。そのことは覚えていなかったが、今でもそれを願い、鍛錬とケアを心がけている。逆に、願った歌声が出せないときは悲しくなる。私の魂の願望なのかもしれない。

◇小さな成功体験がやがて大きな夢を実現させる

♪不条理も糧に♪

もちろん私もいつも肯定されていたわけではない。むしろ、不服に感じられる評価を与えられた

り、理不尽さを感じるような逆境体験が子どもの頃から大人になるまで山ほどあった。小学校の頃に音痴と言われたことがあるが、そんなはずはないと思ってもっと歌に向き合った。あるとき、絵画コンクールでとても自信があったのだが、結果的には私の絵は大人びているという理由で佳作とされた。年齢のイメージに合った子どもらしいとされた絵が入選していた。子どもらしいとか大人びているとかの大人が下す判断は正しいのか疑問を感じた。

これらは小さな例だが、高校生や大学生の頃、社会に出てからも不条理な判断に道を閉ざされるようなことがたびたびあった。詳しくはのちに記すが、そんなときはもうその世界は自分の大きさに合わなくなったサインだと受け止めた。自分のほうがその環境以上に成長してしまったんだと。自分を正当に見られるひとがいないということは、評価する側を超えてしまっているのかもしれない。評価を下す側がいつも正しいとは限らないし、社会を見るとその傾向には頻繁に出くわす。

それならば、次の段階に進めばいい。自分の価値観に合う、正当に見てもらえる世界があるはずだ。世界は今属している教室や学校、会社がすべてではない。その外にもっと広い世界があることを忘れなければ、思うような結果にならなかったときも、自分を否定してしまうことはない。

◇世界は今属しているところがすべてではない　その外にもっと広い世界がある

♪シールが欲しかったんです♪

私は見たことがないが、フォークソング世代の父は例に漏れず素人ながらにギターを爪弾いていたそうだ。そんな父は大学で、のちのチューリップ財津和夫さんと同級生になる。プロになる人の演奏のすごさに衝撃を受け、自分の子どもには小さい頃から楽器に触れさせようとピアノを買ったそうだ。

そんなピアノに私が触れるようになるのは小学2年生だった。姉が習っていたこともありピアノは身近にあったが、それまでは聴くだけだった。姉のレッスンを見ていると、毎回最後にレッスン帳にシールを貼ってもらっていた。そのシールはとても貴重な特別なものに思えて自分もシールをもらいたくなった。

「ゆうすけもピアノを習えばシールをもらえるよ」

翌週から私もピアノを習うことになるのは必然の流れだった。

はじめは簡単なところからレッスンが始まった。遊び盛りで練習をおろそかにしたあとのレッスンでは、先生に怒られることもあった。練習しないとすぐにわかってしまう。1週間しっかり練習してから臨んだ日は、弾けなかったものが弾けるようになって楽しかったし、先生も嬉しそうに褒めてくれて私も嬉しかった。

◇きっかけは些細なこと　心が求めるものに手を伸ばしてみる

2　中学時代

中学校の3年間は、テニス三昧の日々だった。真っ黒に日焼けして1年中ほとんど休みなく部活に汗を流した。休日も朝から日暮れまでの練習を終えて夜シャワーを浴びると、髪の毛が焦げ臭かったほどだ。

一方で思春期の悩みから社会や大人への不信感を抱き、つっぱった時期もあった。だれかれ構わず当たり散らし、学校に行っても教室よりベランダで過ごした。その頃、運命的な歌と出会い、自らも心のわだかまりを作詞するようになる。それが私の魂の叫びの原点だった。

♪作詞との出会い♪

中2のとき、運命的な歌と出会う。3年生を送る会で歌った長渕剛さんの「乾杯」。とても良い歌だなあと思った。家に帰って、会話の減っていた親にそのことを伝えると、若い頃に聴いていたという長渕剛さんのカセットテープが山ほど押入れから出てきた。

怒りや悲しみといった魂の叫びを赤裸々に綴ったたくさんの歌に共感した。言葉にできない思いを代弁してくれているようだった。この頃、尾崎豊さんの楽曲にも励まされた。テレビのヒットチャートを賑わすラブソングでは救われなかった心が、魂の叫びを歌うシンガーソングライターによって救われた。この年齢で悩んでいるのは自分だけではなくて、そしてそれを表現してもいいんだと思えた。この頃から次第に、自分の心を見つめてそれをノートに詞として書くようになった。直接では照れ臭くて言えない気持ちも、詞にすると表現できた。あるときそれを見た先生が、クラスのプリントに掲載して褒めてくれたこともあった。作詞を通して少しずつ大人とコミュニケーションが取れるまでに、心が開いていった。

◇自分らしいやり方で心を見つめ表現する

♪寝癖も気にせず没頭♪

3年生のあるとき、担任の先生に進路を相談したことがある。人生に対して熱い夢を分かち合える友達に出会いたいと思っていた。そのときの担任はごっちい先生と呼ばれる柔道3段の恰幅がよくて優しい先生だった。

「自分の本当に進みたい道が見つかるまで、まずは勉強をがんばってみなさい。そして進学すれば、やはりがんばってきた仲間に出会えてまた切磋琢磨できるだろう。そうやって卒業する度に世界が広がっていき、やりたいことが見つかっていくから」

先生からのエールを受けて、受験勉強に猛進する。寝癖もそのままで通学するほど勉強モードにスイッチが入る。本人が集中して燃えているとき、周りはその邪魔はできない。

受験する学校を選ぶために高校説明会に行く。そこで見た戸畑高校という学校の「意気高し」という、全校生徒で声を一つにして叫び一体になる様に圧倒され魅了された。

ここに行けば、心をひとつにできる仲間達に出会える。この一員になりたい。そう思って戸畑高校を目指して勉強に励んだ。

◇目標が定まったらひたすら集中して成果を出す

中学校時代　「ごっちい先生」と慕われた３年生時の担任立花昭一先生に、修学旅行先の京都の宿で抱えられた記念写真

3　高校時代

高校で人生最初の大きな挫折を味わう。やりたいことが見つからず、居場所をなくし、生まれた理由、生きていく目的、将来の進路、そのすべてに思い悩む日々が長く続く。心には空しさという風が吹き荒れていた。自分が認識する自己と、他者に持たれるイメージが乖離《かいり》していることがもどかしく、それでも自己表現の仕方がわからなかった。成績も学年最下位近くまで落ちていく。ただ空虚な日々が過ぎていった。

しかし、その中で運命の扉は開いていく。夜明け前が一番暗いというように、深い闇を感じたときは夜明けが近いのだ。そして深い闇でこそ光は強く輝く。人生初ライブの文化祭ステージにその光は射した。心から求めたときに扉は開く。

私はついに自己表現を、そして生涯求めるべき居場所を見つけた。

♪高校合格、からの試練の日々♪

この学校へ行きたいという気持ちが後押しとなり、猛勉強の末に無事に志望校だった福岡県立戸畑高校に合格することができた。

戸畑高校へは自宅がある小倉南区からモノレールとバスを乗り継いでの1時間の道のりだった。実際に通ってみると思っていたよりも遠く、朝課外に間に合うためには毎朝5時30分に起きねばならなかった。朝が決して強くない私にはとても辛かった。

入学してみると、中学生活とは変わって想像以上の高校の厳しさに戸惑った。入学当初の校歌応援歌練習から、バンカラな応援団の厳しい怒号が響いた。泣いてしまう女子生徒もいた。体育大会の行進はまるで軍隊のように手と足を90度に上げて行ない、一体になるまで先輩たちの厳しい指導が続いた。のちにはそれらのすべてが誇りに思えるようになるが、入学当初は伝統を重んじる校風になかなか馴染めずにいた。

学校活動で本当にやりたいと思えるものが見つからず、居場所も見つけられずにいた。勉強だけがすべてなんだとしたらなんて味気ない毎日だろうと思った。部活に青春をかける同級生を見ると自分は虚しさを感じた。放課後の時間がやけに長く感じて持て余していた。バスで三萩野駅まで戻るとモノレールに乗れば家に着いてしまうので、いつも「三萩野バッティングセンター」でしばらく時間を潰していた。

何か夢中になれるものはないかといつも思っていた。

♪挫折の先で見えたおぼろげな光♪

校内で弁論大会というものがあり、クラスを代表して参加することになった。先生が出席番号順に一人ひとり指名していったがみんな断っていた。そんなときこそ挑戦したら自分の状況のなにかが変わるかもしれないと思って、引き受けた。

「おお、やってくれるか！」

担任のM先生は嬉しそうにしていた。

「二十一世紀への提言」というタイトルで、戦争など多くの過ちを繰り返した20世紀の歴史を調べ、もう二度と同じ過ちで多くの犠牲を出さないようにという内容にした。放課後に何度も練習をして、原稿を見ずに弁論ができるようにして挑み、無事に弁論を終えた。

他の生徒は面白おかしい内容の弁論だった。

結果的には笑いがたくさん起きていた生徒が優勝に選ばれ、私は何の賞にも選ばれなかった。

教室に戻ると、クラスメイトが皆自分のことのように悲しんでくれていた。

いつもはひょうきんな野球部の友達が神妙な顔をしてぽつりと、

「トミーが一番良かったっちゃ」

と言ってくれた。他のクラスメイトも黙って頷いてくれていた。

先生からは、

戸畑高校体育大会　生徒会として国旗を手に行進（写真中央）

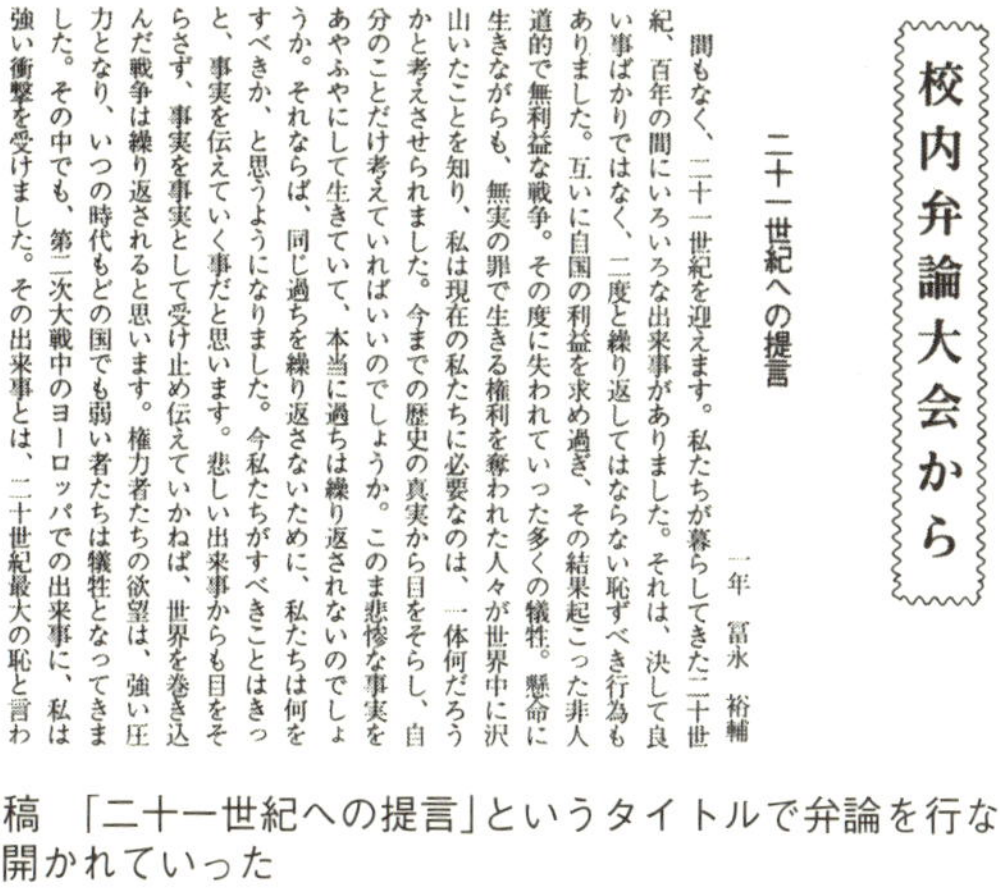

校内弁論大会から

二十一世紀への提言

一年　冨永　裕輔

間もなく、二十一世紀を迎えます。私たちが暮らしてきた二十世紀、百年の間にいろいろな出来事がありました。それは、決して良い事ばかりではなく、二度と繰り返してはならない恥ずべき行為もありました。互いに自国の利益を求め過ぎ、その結果起こった非人道的で無利益な戦争。その度に失われていった多くの犠牲。懸命に生きながらも、無実の罪で生きる権利を奪われた人々が世界中に沢山いたことを知り、私は現在の私たちに必要なのは、一体何だろうかと考えさせられました。今までの歴史の真実から目をそらし、自分のことだけ考えていればいいのでしょうか。このまま悲惨な事実をあやふやにして生きていて、本当に過ちは繰り返されないのでしょうか。それならば、同じ過ちを繰り返さないために、私たちは何をすべきか、と思うようになりました。今私たちがすべきことはきっと、事実を伝えていく事だと思います。悲しい出来事からも目をそらさず、事実を事実として受け止め伝えていかねば、世界を巻き込んだ戦争は繰り返されると思います。権力者たちの欲望は、強い圧力となり、いつの時代もどの国でも弱い者たちは犠牲となってきました。その中でも、第二次大戦中のヨーロッパでの出来事に、私は強い衝撃を受けました。その出来事とは、二十世紀最大の恥と言わ

弁論大会原稿　「二十一世紀への提言」というタイトルで弁論を行ない、受賞は逃すが道が開かれていった

「お前は無冠の帝王だ」

と励まされた。

そして、

「お前は文才があるから早稲田を目指さないか。おれがなりたくてなれなかった作家の夢を叶えてくれ」

と言われた。

早稲田と言えばそのときは箱根駅伝で聞くだけの雲の上の話だったが、このとき言われた言葉はそのあとも心に残った。

賞に選ばれてクラスメイトに喜んでもらえたら何よりだったが、私は自分なりに取り組んで納得できる弁論ができた手応えを感じていた。しかし、ここでも下される評価というものはいつも正しいのか分からないなと思った。

結局は、結果はあくまで参考として糧にすればいい。受賞したからといって高慢になってはいけないし、受賞しなかったからといって私の価値が否定されたわけではない。どんな結果が下されても、私が私を失わない限り私は私である。ただ、自分が信じる自分の価値と下される結果にズレがあったなら、もっと広い世界で自分を確かめてみたらいい。このときの経験も私に自己表現を追求させる糧となったし、早稲田という名前が初めて自分の人生に少しだけリアルに意識された機会にもなった。

そんなふうに落ち込みすぎずに現実を受け止められたのは、クラスメイトの優しさと先生の励ましがあったからだと思う。

◇チャレンジしたことは必ず糧となる

♪憧れの東京 part1 ♪

子どもの頃に、柳川の祖父母の家に行くといつも優しく迎えてくれた。

「よく来たねえ、よく来たねえ」

と私を抱きしめてくれた。祖父は歴史上の総理大臣かのように白く立派なひげをたくわえていた。川で釣った魚や、捕まえた蟹を見せてくれた。酒豪だったので一緒に寝るとお酒の匂いがした。柳川の工場の外に展示されているプロペラ機を見に連れて行ってくれたりした。祖母はいつもどんなときも笑顔でかわいがってくれた。

そんな祖父母の家に行くと、よく面倒を見てくれて一緒に遊んでくれた従姉妹がいた。その後、従姉妹は上京して数年会うことはなかった。

そんな従姉妹が祖父のお葬式のため、帰って来た。4年ぶりに再会した従姉妹はまるで印象が変わっていた。

「安室奈美恵みたいになっとう！」

と姉と驚いて話したのを覚えている。

アパレル業界、それも東京は渋谷で働く従姉妹の話はとても刺激的で、興味深かった。自分にとっては夢の国の話のようで、テレビドラマで観るような洗練された世界がそこにいけば現実にあるんだと思った。私を待つ素敵なドラマがそこにある気がした。

高校生活で夢中になれるものを見つけられずに毎日がただなんとなく過ぎて行っていた私にとって、話に聞く東京という街は光り輝いて見えた。希望を感じた。心がワクワクした。

◇心がワクワクする場所に目的地がある

♪絵に描いた未来は実現する♪

その日から、今が辛いときは未来に思いを馳せたら気持ちが楽になった。視界が開けた。今いる世界が世界のすべてではないという感覚は、自分を少しだけ大人にしてくれた。そして東京で一人暮らしをする自分をイメージして、自分が住む部屋の絵を描いたりした。

イメージをより具体的に持つと、そのイメージは現実化しやすいと後にメディアなどでも言われるようになった。そのときはそんなことは知らなかったが、とにかくなりたい自分、行きたい未来をイメージしているときは心が晴れていた。晴れていたということは、イメージするその未来が自分にとって心地よい未来であるということでもある。

スケッチブックに鉛筆で描いた東京の小さな部屋に、3年後に実際住むことになるとはそのときはまだ知らなかった。不思議なことに、キッチンと玄関の位置、それを眺める部屋の間取りもその絵と重なっていた。

◇今が辛いときは未来に思いを馳せたら気持ちが楽になる

♪運命的な地元ラジオ局♪

1993年9月1日に地元北九州市に開局したFM放送局、cross fm。それまではラジオと言えば家族で車に乗っているときに流れているAMのホークス中継。しかし地元に開局したFM局をきっかけに音楽番組をよく聴くようになる。当時ひとりの時間を持て余すことも多かった私だが、ラジオを流していると不思議とひとりじゃないという安心感を得ることができた。次々に流れてくる古今東西の名曲に心が癒されたり励まされることはもちろん、ラジオDJの語りかけるメッセージがまるで自分に送られているように感じられる瞬間も多々あった。ラジオというのはもちろん顔は見えないが、だからこそ心を開いて悩みを打ち明けられたり本音になれるような、心と距離の近いメディアなのだと思う。他のリスナーが打ち明ける相談事が自分と重なる内容であったりするから、ラジオDJからの返答は自分にも当てはまる。結局のところ、悩みの只中にいると自分だけが苦しんでいるような孤独感を抱えるが、ケースは違えどもみんな似たような何かに悩んだり苦しみながら、それでも毎日を精一杯生きていることをラジオ番組を通じて感じた。それを知ると自分の悩みがちっぽけに感じられたり、自分も頑張ろうという元気が湧いてきた。

平日はＪＫさんというＤＪの「北野クラブ」という当時の超人気番組を聴き、日曜日には今もcross fmで人気の立山律子さんナビゲートの番組でたくさんの音楽と出会った。また平日の遅い時間帯にはアーティスト番組が組まれ、その後ビッグヒットしていく宇多田ヒカルさんや平井堅さんの存在もそこで知った。

アーティスト番組の公開生放送などがあると、スタジオに実際に見学に行くようになった。強い思いを表現して届けるアーティスト達に触発されて、私も思いの強さに率直に行動する「行動力」を持つようになる。「実現力」の根底にあるのが「行動力」だ。

アーティストは「こうじゃなきゃいけない」という枠からはみ出したような存在。私も次第に自分の存在に寛容になっていく。

◇行動力が実現力に結びつく

♪ピアノ弾き語り開始♪

夜の音楽番組のなかで私にとって大きな転機となったアーティストとの出会いがあった。日本人の郷愁や青春時代の淡い気持ちを描いた楽曲が魅力の二人組、cannaだ。毎週金曜夜の『cannaのがんばらんといかんな』という番組が楽しみになった。

cannaはピアノの周水さんとボーカル谷中崇さんのユニットで、ピアノを弾いていた自分は強く興味を惹かれた。同じピアノという楽器でもプロのアーティストが弾くとこうも違うのかと思う反面、自分も頑張ればあんな風に作詞作曲したり弾き語りができる可能性があると思えた。具体的なお手本のような存在になっていった。

居場所を探していた私だったが、大好きなことが見つかるとそれにまつわる場所すべてが自分の居場所になっていくことに気づく。それが音楽だった私には、楽器屋も自分の居場所になっていた。自宅にはアップライトピアノがあったが、アーティストが弾く電子ピアノにも興味を持ち、楽器屋で初めて電子ピアノを触った。いろんな音色に引き込まれた。ヘッドフォンを付けて演奏できるのも便利だと思った。練習中の下手な演奏を周りに聴かれるのが嫌で、なかなか自分の世界に入り込めなかったから、電子ピアノならヘッドフォンで夜でも気の済むまで弾けると思った。いつか手に入れようと思った。

そして何気なくピアノ弾き語り楽譜コーナーに吸い寄せられていったとき、そこで目に飛び込んできたのがなんと『canna ピアノ弾き語り集』だった。

まさに、ラジオ番組で楽曲やその想いを毎週聴いて、自分もあんな風に弾けるようになりたいと思っていたその楽譜集が発売されたばかりだった。

絶対音感がなくコード理論などもまだ分かっていなかった私には、楽譜の存在が重要だった。それもピアノソロ譜は多くあれども、ピアノ弾き語り譜というのはとても珍しかった。今のようにインターネット上で譜面を見たりできなかった当時、自分が弾き語りしたい楽曲のピアノ弾き語り譜に出会うのは奇跡的なことだった。私はすぐに楽譜を購入してその日のうちから弾き始めた。はじめは複雑なリズムのピアノを弾きながら歌うのは難しかったが、簡単な曲から練習して徐々に上達していった。

なかでも、ドラマ主題歌としても流れヒットしていた楽曲「風の向くまま」に惹かれて熱心に練習し、自分のものにしていった。

◇ワクワクすることに向かって行動するとベストタイミングで扉が開きだす

♪人生初ライブの瞬間♪

ピアノ弾き語りの練習を積んだ日々は、私を人生初ライブの舞台へと導いてくれた。

その舞台は2年生の夏、戸畑高校文化祭のステージだった。当時、何かしらの仕事を求めて生徒会書記として活動していた私に、一つ上の先輩の生徒会長が二人組ユニットとして歌わないかと持ちかけてくれたのだ。私がピアノを弾けることを知ってのことだった。2曲の持ち時間があるということで、1曲は世界的な名曲ザ・ビートルズの「Let It Be」を歌おうと言われた。そしてもう1曲の候補を先輩に告げられたときに驚いた。canna の「風の向くまま」だった。

こうしてごく自然に2曲が決まり、音楽室のピアノで先輩とリハーサルを積んだ。

そして文化祭ライブ当日。ステージに上がると、周りは暗闇で、スポットライトが私達だけを照らしていた。ピアノにもマイクがセッティングされて、広い体育館に自分の弾くピアノの音色が今まで聴いたことのないように響き渡った。文化祭のためにプロの音響会社が入っていて、そこは体育館の舞台とはいえプロの歌手と変わらない環境だった。

緊張しているのに妙にリラックスしている自分がいた。そこは約束された見守られた場所で、その場所に自分がいることがとても自然なことのように感じた。

ピアノを弾く指は少し震えていた。ミスタッチもした。しかしマイクを通した自分の歌声とピアノ伴奏が体育館全体に響いて返ってくる感覚を心が喜んでいた。自分の歌声がそこにあった。自分のピアノの音色がそこにあった。

そして無事に2曲を歌い終わったとき、温かい波のような拍手がステージに打ち寄せてきた。その拍手は愛の響きに聞こえた。

自分が願ったありのままの自分を多くの人に肯定された初めての体験だった。身震いするような充実感がこみ上げた。それは、魂が喜ぶという感覚だったんだと思う。

自分自身が本当の自分を知ったような、生きながらにして生まれ変わったような瞬間だった。

「これでいいんだ」と素直に自分を肯定できた。

ずっと自分を肯定できるなにかを探していたのだ。暗闇のなかで手にしたピアノ弾き語りという自己表現を、多くの人に肯定されてようやく私は自分自身を肯定できた。

そして舞台を下りた私にクラスメイトが興奮しながら話しかけてきた。

「お前歌うますぎ!」

自分が思っていた以上の反応に、さらに自信が深まった。

歌で自己表現していけば、お互いに心を開いて人とかかわれると思った。
これが私の今に続くステージ人生のスタートとなった。

◇魂が喜ぶことをする

♪先生からの出演拒否⁉︎♪

そうなると当然、次の年の高校最後の文化祭でもまたステージに立ち、もっと良いパフォーマンスをしたいと思うのは必然の流れ。そのために新たに選曲をして、練習を積み3年生の文化祭が近づいていたある日。

まさかの壁が私の願望を打ち砕くのだった……。

前回の文化祭よりも成長したパフォーマンスを見せられる自信を持って、文化祭担当の先生に出演を申し込みに行った。そこで、まさかの返事が返ってくる。

「出演は認められない」

え⁉︎

自分の耳を疑った。

生徒の日頃の文化活動の発表の場が文化祭のはず。その出演が先生によって拒否されたのだ。

「きみは去年も浮いていた」

確かにピアノのコーナーはクラシックやオペラの生徒がメインだったが、プロでもない学校の文化祭だ。細かい規定うんぬんより、生徒に発表の場を持たせてあげることが本来の目的ではないだろうか。私は納得いかず何度も先生に抗議をしたが、出演が認められることはなかった。

このとき、どうしても打ち破れない壁の前で今の自分の無力さを痛感するとともに、自分の胸にある思いが芽生えた。

「いつか歌ってくださいと頼まれるプロの歌手になって文化祭に帰って来ちゃる！」

この出来事が、自分の立つステージを見つけたいという強い欲求を私に植え付け、私を認めてくれない狭い街を飛び出し東京に行こうという気持ちにさせてくれた。

そして、ラジオやライブを通じてリアルに感じるようになっていたアーティストという生き方、職業が具体的な夢になっていった。

自分の思いを歌にして、キャンペーンを行ない全国各地を旅して番組出演やライブを行なう。そこには待っていてくれるファンがいて、新しい出会いもあり、ともに幸せな時を創造していく。なんて素晴らしい仕事なんだろうと思った。

求められて歌える歌手にきっとなるんだと心に誓った。

◇逆境で腐るよりもバネにしたら高く飛べる

♪怒りが感謝に変わるとき♪

最初は自分の出演を許さなかった先生への反骨心、見返してやりたいという気持ちがエネルギーになった。絶望などで力が出せない状況よりは、怒りや反骨も立ち上がるエネルギーになる。でも、立ち上がり対象に集中してまた進み出すと、怒りなどはどうでもよくなるタイミングがある。次第に怒りから自らの情熱がエネルギーに変わり、結果的に大きく成長できた自分に気付いたとき、もはや見返したいという気持ちではなく、あのとき成長のきっかけをくれたことへの感謝の気持ちに昇華していく。

人生にはまるで敵役のように自分の邪魔をする嫌な存在が誰にでもいるのではないかと思う。しかし、それによって成長できることも確かにある。すべてのことに何らかの意味があるのだとしたら、怒りや恨みを持つよりは最終的には感謝を持ったほうが、自分のためにもなる。ネガティブな状況をいかにポジティブな出来事に変換して受け止めていけるかが、夢を実現するためにも大きな効力を発揮する。

そして感謝、勇気、愛という気持ちがエネルギーの原動力に変わっていったとき、自分の活動が大きくなり、多くの夢が実現していることに気づく。

もし仮に高校3年生の文化祭に出演し脚光を浴びていたら、それで満足していたかもしれない。何が何でも歌手になるために東京に行く、という強いエネルギーは生まれていなかったかもしれない。

後日談になるが、それから12年後、プロの歌手として文化祭に呼んでいただきこの日の自分への誓いを果たすことができた。

そしてここにもう一つの後日談がある。高校3年生の文化祭で歌う予定だったcanna作曲でKinKi Kidsにも歌われた「もう君以外愛せない」「青の時代」は、2017年にcanna本人との共演で歌うことができた。そのときには、cannaと私が共作で書いた新曲「君への唄」という楽曲が誕生するという素敵なオマケまで付いてきた。人生は捨てたものじゃない。

この高3での体験以降、中学で始めた作詞と高校で始めた弾き語りが融合されて、徐々にオリジナルソングを書くようになる。はじめはメッセージがまとまらず1曲15分ほどあったり、わけもわからず転調しまくっていたり完成度は低かった。しかしそのスタートがあって継続したことで、のちにプロデビューにつながる曲を書けるようになる。

人生には思うような結果にならないときもある。でも大丈夫。再チャレンジできるチャンスは必ずやってくる。次のチャンスでより良い結果を実現するための、成長の糧を経験できたことに感謝して、一歩一歩の景色を楽しんでいけば夢の実現はもう目前だ。

◇怒りに勝るエネルギーがある　それは勇気、感謝、そして愛だ

戸畑高校80周年文化祭ライブ　プロの歌手となって文化祭ライブに出演を果たす

プロデビュー10周年の年にcannaと共演　共作曲も生まれる

♪自己改革♪

将来の目標を見失っていた頃の私は、成績も著しく低下していた。学年280人の中でもほとんど最下位に近い成績だった。数学では100点満点で7点を取ったこともあるし、家庭科で37点という赤点を取り、留年の危機さえあった。

しかし文化祭ライブを経験後、徐々に夢が具体的になっていく。歌手になりたい。しかし、いきなり歌手になるには自分は未熟過ぎる。人の心に届く歌詞と曲を書けるようになるため、まずは東京に行って経験を積む必要がある。そして自分を磨いてくれる人たちとの出会いに飛び込むんだ。そのために、東京の大学へ行こう。

目的意識が芽生えて、今日の意味が変わった。勉強する意味を自覚し、ビリボーイの逆襲が始まった。

この頃には、頑張りたい気持ちはあっても勉強の何をどう頑張ればいいのかすら分からなくなっていた。比較的好きだった文系科目は努力すればまだできても、理数系科目などは最高に頑張っても70点が限界だった。勉強しろと言われてもその先に夢がないと、勉強する気持ちが自分の内側から湧いてこない。勉強する目的が分からなかったのだ。

人の心に届く歌を書けるようになるためには、より高度な勉強ができる大学に行って人間として成長する必要がある。そのような場所に行けたら、同じく夢を持って全国から集まってくる学生たちと切磋琢磨できるだろう。そして人が集まる首都東京にはきっと歌手になるチャンスがある。自分を表現できる舞台が見つかる。

その思いが、自分に勉強をする意味、目的意識を与えてくれた。夢を実現するために勉強をしたいという内なる欲求が芽生えたら、あとは勉強するだけだ。させられる勉強のうちは成果はなかなか期待できない。これは仕事やスポーツでも同じだろう。夢を叶えるために勉強をがんばりたいという目的意識が生まれて、成長の下地はできた。でも、どう勉強すればいいかは相変わらず分からなかった。

◇目的意識が成果ある努力に結びつく

♪その道のプロに教えを請う♪

受験のプロと言えば、進学校の先生はもちろん、予備校、塾という選択肢もある。学校の指導が自分に合っていたらそれはそれで幸せなことだし、でも学校の勉強だけで周りについていけないときには、塾や予備校は強い味方になってくれる。そして私は予備校との出会いで運命が変わった。

2年生の後半に、築山塾 東進衛生予備校の門を叩いた。

築山塾 東進衛生予備校は、個人個人に合った個別指導でサポートしてくれる築山塾と、東京の予備校講師の授業を映像を通して受けられるという当時としては画期的なスタイルが特徴だった。

今はWEB受講だが、当時はビデオテープに東京の東進ハイスクールでの予備校講師の授業が収録されていてカリキュラムが組まれ、自分のペースでそれを受講できる。苦手なところは時間をかけて、やる気を出して授業のコマを増やせばどんどん学校での遅れを取り戻せて逆転できるシステムだ。そしてそのカリキュラムは担当の先生と面談をしながら、自分も納得して組んでいくことができた。目標実現のための道筋を示してくれるので、ここまでにこれだけやれば合格できるんだ、それならがんばろうというやる気が湧いた。何をやったらいいか分からない、今やっていることが正しいか分からない、という状況ではやる気は長続きしない。自分がやっていることを信じられる、それが自分を信じられるということであり、成果につながる報われる努力になる。同じがんばるなら、実る努力に時間をかけることが実現力のポイントだ。

◇傾向と対策から組んだ努力は夢を実現させる

♪得意を伸ばす♪

カリキュラムを組むなかで、自分のその後の人生にとって大きな選択があった。それは得意な科目を集中的に伸ばすということだ。

理数系科目は苦手で、どんなにがんばっても得意な人には追いつけないことを自覚していた。でも得意な文系科目はがんばれば学校でも上位の成績を出すこともあった。それなら得意科目にしぼってとことん長所を伸ばして勝負すれば全国でもトップクラスになれるかもしれない。そうなれば進路の選択肢も広がる。その選択肢を示してもらったのだ。

今まではただ漠然としたイメージで全科目の成績を伸ばさなければ希望とする進学も難しいと思っていた。そのため膨大な量を前にして途方に暮れるという状態。しかし、もともと好きで得意な科目を伸ばしていくことなら、気持ちも楽だしむしろワクワクしてくる。築山塾の築山剛士先生との面談のなかで、文系3科目で受験できる大学があることを初めて知った。それは私大であり、そのとき再び早稲田大学の名前を目にする。3教科に絞るというのは、ある意味勇気のいる大胆な決断でもあったが、その不安を先生の言葉が消してくれた。

「このカリキュラムでがんばれば早稲田にもいけますか?」

と質問した私に、

「いける」

と力強く応えてくださった。信じてくれたその瞳と言葉が背中を押してくれて、決断した。

◇長所を伸ばすとメキメキ成長する

♪私が実践して効果的だった勉強法・仕事術♪

学校の授業の効果を飛躍的に上げる方法がある。それは、予習・復習だ。当たり前のようだが、これが授業の効果を飛躍的に向上させる。

学校で授業を受ける前に、自宅などで一度自分の力で向き合ってみる。まだ習っていないところなので、解けない問題も多いかもしれないが、解けなくて当然なのでそれでいい。むしろそれが大事で、自分はどこが分からないのかが分かったことで、そこを重点的に聞き逃さないように授業を受けようという能動的な気持ちが芽生える。その授業が自分に必要であることが自覚され、授業への目的意識が明確になる。自分のための授業になる。

予習で大切なのは正解することではなく、どこが分かってどこが分からないのかを分かるということだ。己を知るということ。その上で授業を受けたら吸収率が高まり、理解度がはるかに変わってくる。自分で解けたところは先生の授業を聞いて自分の解き方でよかったのか再確認できる。分からなかったところは特に吸収しようと集中して聞くだろう。もし疑問が残れば積極的に質問をする気持ちも芽生えているはずだ。

そして一番大切なのが、復習。休み時間でも帰宅してからでもいいので、今日の授業で得た知識をおさらいすることで、より自分の力になる。授業で解決した疑問が本当に自分の力になっているか、今度は自分の力だけでもう一度解いてみる。そうやっていくうちに解けない問題がどんどんなくなっていく。この時点で、授業を受けるだけだったら1回しか出会わない内容を、予習復習することで3回も体験することができる。

1回1回を大切に積み重ねると、そこに親しみや愛情が生まれてくる。それはもはや趣味や特技や大好きなことと同じように、自分のペースで自分をワクワクさせてくれるものになる。勉強も自分が能動的に楽しんで臨んでいけば、やらされるものややらなければならないものではなくなる。

自分の人生をより豊かにするために、自分の将来のためにやりたくてやる勉強は、大きな成果を自分にもたらせてくれる。

仕事でも同じことだと思う。一流のミュージシャンはリハーサルの段階で曲を予習して自分なりの答えを提示してくれる。そこでさらに良いものを作っていく。一方、リハーサルで初めて曲を聴いてそこから始めていては、一流にはなれない。それではあまりに効率も悪く、革新的な表現には到達できないのだ。

◇何が分かって何が分からないのかを知る

♪成績アップ術　暗記法♪

勉強のコツのひとつで、例え話をする。1年に一回しか出会わない人と、毎朝の通勤や通学で顔を合わせて挨拶を交わす人では、どちらの顔を覚えやすいだろうか。きっと、会う回数が多い人のほうが親しみとともに記憶に定着すると思う。

勉強もそれと同じ。単語を覚えるときもたまにしか見ない単語より、毎朝毎晩見かける単語のほうが親しみが生まれ記憶にも残る。それは公式でも歴史でも同じ。

暗記するときは、書いたり、声に出したり、歩きながらなど、五感を同時に使うと記憶に残りやすい。また、そのときの景色も一緒に記憶を呼び起こす手がかりになるので、リビングや自室、電車や出先など、いくつかの場所で復習すると記憶が強く残る。

記憶は寝ている間に定着するので、寝る前にもう一度見直すこともおすすめだ。起きたときにその内容を覚えていたら記憶に定着したということ。

そして、親しみが生まれるほど顔を合わせた相手は、もう敵ではない。友に会うようなリラックスした気持ちで試験にも臨めるだろう。

♪自分の力になる問題集の解き方♪

過去問や問題集などを解く際に効果的だったやり方がある。それは、何回やっても解ける問題はレ点のような記号でその設問番号を消す。もし一回目でまるでわからなかった問題は、その設問番号を丸で囲み、残す。答えが合っていたけど理解は甘かった問題などは三角マークを付けておく。そして答え合わせをして、分からなかった箇所を分かるように理解する。それが終わったらもう一度問題を解いてみる。何回やっても解ける設問はもう自分の力になっているので飛ばして大丈夫。一回目で解けなかった丸で囲んだ設問が解けたら、その丸をレ点で消していく。そのようにして繰り返していき、ついにはすべての丸が消えていく頃には、その問題集のすべてが自分の力になっている。ここでも大切なのは、どこが分かってどこが分からないかを明確にして、分からない箇所を克服していくということ。このやり方を授業や問題集、テストの復習などでも活用すると面白いように成績が伸びる。

そして、そうやって自分の努力した足跡が刻まれているノートや参考書、問題集が、本番の受験のときの何よりのお守りになるのだ。自分はこれだけやってきたんだという自信や誇り、安心感で本番でも力を発揮することができる。世界にひとつだけの自分だけのお守りを、ぜひ大切な試験会場に持って行くといい。試験開始前にそれを眺めてから受けることをおすすめする。直前に見た内容がそのまま試験に出ていることも少なからずある。

◇チェックして消していく課題の整理術は勉強にも仕事にも有効

♪受験合格必勝術♪

本番のときにはエネルギーや頭を働かせる糖分も大切。私の場合は、駅前のおにぎり屋さんなどでおにぎりを購入して、コンビニでカロリーメイトやチョコと温かいお茶を買って、試験前の時間に口に入れて落ち着いてから本番に臨んだ。温かい飲み物はホッとさせてくれる。ライブやレコーディングの際も温かい飲み物は喉だけでなく体を落ち着かせてくれる。

本番を平常心で迎えるためには、可能なら下見もしたほうがいい。遠方での受験であれば、電車の乗り換えなどを事前に実際に行ない、会場まで行ってみておくと当日も安心して臨める。その際に、食べ物や飲み物を確保できるお店もチェックしておくといい。

そうやって自分のペースを作ることで、いつもと変わらない状態で本番に臨める。

どんなアウェイでもホームグランドに変えられるようになる。あのイチロー選手も、少年時代には試合会場を必ず父親と下見に行っていたそうだ。

筆記用具、ステーショナリーも自分の好きなものがあると思う。普段の勉強をともにがんばった筆記用具も、本番でともに戦ってくれる仲間になる。

これは好き好きがあるかもしれないが、本番で使う時計。腕時計を使うことが多いと思うが、試験で使用する腕時計などはアナログよりデジタルを私はおすすめしたい。そのほうがパッと見たときに残り時間が何分何秒かが明確で、時間配分を瞬時に判断しやすいからだ。

◇下見をすることでアウェイもホームになる

♪身に付けた勉強法は生涯使える仕事術にもなる♪

自分に合った効果的な勉強法は、受験勉強だけでなく社会に出てからの仕事でも役に立つ。仕事でも覚えることが山ほどある。そんなときも予習復習をして何度もその対象と顔を合わせることで、自分の力になっていく。いくつかの仕事を同時に並行して進めていくことも多々あるだろうし、仕事量に埋もれて何をすべきかわけが分からなくなることもあるかもしれない。そのなかでも何からやるべきかを見極めて、なにができていなくてなにができているかを整理すること、そして一つずつ取り組んでいくことで事態は好転していく。

勉強した内容のすべてがそのまま社会でも役に立つとは必ずしも言えないかもしれないが、決して無駄にはならない。身に付けた勉強のやり方は、その後の人生でもあらゆることを習得していくときに実践することができる。

また、プロスポーツ選手を目指すひとにとっては、そのままスポーツに置き換えられる。ボールの軌道のパターンを繰り返し経験することで、難しい変化球も打ち返せるようになる。できなかったことができるようになるプロセスは、人生のあらゆることに置き換えられる。

そしてその後の人生にも勉強したことは支えになるはず。勉強できるときに勉強することは、きっと実り豊かな人生として自分に返ってくる。

学校を卒業してからの人生のほうが長いということ。その人生をどう生きていきたいかを想像してそこに続く今日を生きると、今日の意味が変わってくる。今が輝き出す。未来は今日のなかに息づいている。

◇後の人生にも勉強したことは支えになる

♪人生の波に乗る♪

私の場合は、得意な文系科目を生かして受験できる私大を目指すことになった。洗練された教育環境のなかで、夢を持ち全国から集まってくる人たちと切磋琢磨して自分を磨ける場所。そしてやがて歌手になるためのチャンスを見つけるため、東京の私大に目標をしぼった。東京一極集中から地方分権の流れがある今では状況も多少違っているかと思うが、当時はせっかくなら日本の首都で時代の最先端を体験してみたいという好奇心もあった。歴史があり、音楽業界も含めてあらゆる業界で活躍する人材を輩出している早稲田大学を目標に定めた。

これはもしかしたら、高校生活に満足しきっていたら芽生えなかった願望かもしれない。もっと自分は輝けるはずだという気持ち。そのためには自己表現をできる場所を見つけたい。本当の自分に、そして仲間に出会いたい。その渇望が自分に目標を持たせてくれた。そう考えると、思うようにいかないことも未来への大きな糧に変換できるということだと思う。

振り返ると、自分が認識する自己と他者から評価される自己との間には、いつも隔たりがあった。その隔たりは悩みももたらすが、その隔たりこそ成長のきっかけになってきたと思う。自己満足したらそれで成長は止まってしまうのかもしれない。心に感じるストレスを前向きなパワーに変換できたとき、爆発的な前進力が生まれる。人生に起こる苦しみや悲しみ、挫折というものは、さらに成長できる自分への贈り物だと捉えたらいい。

人生には波がある。小さな波も大きな波もある。もしいまが辛いならあとは上がるだけ。悩みがあるからこそ、もう幸せが訪れる準備ができている。あとはそれを受け入れて、駆け上がっていくだけ。

◇人生には波がある

♪生徒会長選挙の落選♪

この頃、さらに勉強に意識が向く出来事がいくつかあった。それは大きく傷つく体験でもあった。

生徒会長選挙でのこと。生徒会書記として経験を積んでいたし、次期生徒会長の選挙に立候補することは自然な流れだった。そして当選するものと思っていたところ、急遽、生徒会の経験のない生徒が立候補を表明して、結果的になんと1票差で私は敗れたのだ。これも大きな挫折で、しばらくは周りも心配するほど沈んでいたようだ。

そんなとき、親戚の叔母に言われた何気ない一言で気持ちが切り替わった。それは、

「よかったね！　これで勉強に集中できるね」

という言葉だった。自分の現実で精一杯になると客観的な広い視野が持てなくなり、起こった現実にネガティブな意味づけをしてしまいがちだ。でもその現実自体にはネガティブな意味はないのかもしれない。それをどう捉えるかで良い結果にも悪い結果にも変えられるということだ。もしこのとき自分の殻に閉じこもったままでいたら、そのまま沈んだ日々をもっと長く送っていた可能性もある。しかし周りの声で客観的な視点を持つことができ、同じ結果でも前向きに捉えることができた。自分で考えてどうしようもないときは、人の声を聞いてみることも現状を打破するきっかけになる。

兎にも角にも周りの優しさや叔母の何気ない一言により、現在の自分を俯瞰して見ることができた。

「そうか、自分の夢を叶えるために勉強する時間をもらえたんだ」

前向きに捉えてネガティブからポジティブに変換したエネルギーを勉強に注ぐことができた。そ

のような経験が訪れたときは、自分のゴールはまだ先にあるんだと思い、また歩み出せば飛躍的に成長できる。あのときの負け、挫折が自分を自分らしい道に進ませてくれて、より成長させてくれたことは間違いない。

◇ネガティブをポジティブに変換したパワーは強い実現力となる

♪左遷も栄転？♪

いよいよ最終学年、3年生に上がるときにまたまたショッキングな出来事を経験する。2年生の頃は進学クラスのようなクラスにおり、基本的には3年生でもほぼクラスメイトは持ち上がりになる仕組みだった。ところが3年生の始業式、そのクラスに自分の名前だけがない。なんと自分だけスポーツクラスに配属されていた。進学クラスやスポーツクラスが明確に区分されているわけではないが、メンバーを見るとそれは明らかだった。このとき自分だけ仲間はずれにされたような疎外感を感じてショックを受けた。

実は思い当たる節はあった。入学時は期待されていた成績も2年生でガタ落ちして先生の期待を裏切り、先生から自分だけ問題を当てられるときに飛ばされるなど、無視されるような仕打ちを数カ月受けていたのだ。この期間も随分悩み腹痛をもよおすほどだったが、最終的には職員室に抗議にいきなんとか差別的な扱いは落ち着いていった。

しかし、結果的に自分だけ他のクラスに移されたのだ。

新しいクラスメイトは、野球部やバスケ部、バレー部、応援団などのメンバーがほとんどだった。文武両道の厳しい校風の学校でもあり、ちょうど在学中にも公立高校ながら甲子園にも出場して、一つ上の先輩にはプロ野球広島東洋カープからドラフト1位指名を受けた横松寿一投手を輩出していた。そんなスポーツクラスには今まで自分がいたクラスに漂っていた勉強、勉強という空気はなかった。和気あいあいと楽しく爽やかな空気が漂っていた。また、担任の先生もその学年は初となる方だった。どちらかというと自信のなさそうな先生で生徒に気を使っているように見えたので、この先生で大丈夫かと最初は不安だった。しかし、生徒の性格に合わせて自主性を尊重してくれる優しい先生だということが次第にわかった。そして先生に言われた言葉で、ますますやる気が引き出された。

「お前がこのクラスの勉強を引っ張ってくれ」

人は信頼されて役目を与えられると燃えるものだ。自分がクラスメイトに勉強を教えられるくらいがんばろうと奮起した。

人生に起こる出来事は、すべてそのときの自分に最も必要な贈り物なのだと捉えられたら、現在や未来が変わってくる。そしてそのときには過去さえも意味が変わってくる。

◇今の自分の意識が変われば未来が変わり、過去の出来事の意味も変わる

♪友からの手紙♪

クラスメイトとの思い出がある。あるとき、家庭内がギクシャクしており自暴自棄になりかけて、教室に行ってもふさぎこんでいたときのこと。自分の机に折りたたまれたプリントの切れ端が入っていた。開いてみるとプリントの裏には友から私へのメッセージが書かれていた。仲の良かったバスケ部の友達からだった。

その手紙にはこう書かれていた。

「家のこととかで悩みもあるかもしれん。全部はわかってやれんかもしれんけど、学校に来たらおれたち友達がおることを忘れんで」

その友達のほうを見ると照れ笑いをしていた。いつもはおちゃらけて一緒にふざけてばかりいた友からの、その優しさにどんなに救われたかわからない。

その手紙はその後、東京にも持っていき今でも大切にしまってある。

◇優しさに気づける自分でいられたらとても優しい世界になる

「Now is the time」

作詞作曲　冨永裕輔

走り出そう 共に　Now is the time
Now is the time　Now is the time

通り過ぎた過去の後悔に頭抱えて
来てもいない未来に怯えて膝を抱えてた
昨日や明日の色を決めるのは今日さ
今ある幸せに気づけたらすべてが輝き始める

Now is the time　Now is the time
走り出そう 共に　Now is the time

人生に起こることその意味が分からなくて
変わりゆくことを恐れて瞳そらしてた
例えばそれを幸せに気づくための贈りものだと名付けたら

すべてが輝き始める

Now is the time　Now is the time
走り出そう 共に　Now is the time

Now is the time　Now is the time
走り出そう そうさ　Now is the time

Now is the time　Now is the time
Now is the time　Now is the time
今を今を生きてゆけばいい
走り出そう 共に　Now is the time
走り出そう 共に　Now is the time

♪誘惑に打ち克つ♪

人生には誘惑も多くある。みんなが遊んでいるときには遊びたいし、年末にみんなが歌番組でも見ているときには自分も見たくなるものだ。しかしそんなときこそ自分の世界に入って努力すると、大きな成果を上げられる大チャンスだ。勉強も仕事も周りの支えや応援があり、そして最後は自分次第だ。勉強も仕事もある意味孤独な道のりだが、決して一人ではない。

◇人がやっていないときこそ大チャンス

♪逆境を変えたら勝ち♪

ネガティブに思える現実が訪れたとき、多くの人は落ち込んだり立ち止まったりするかもしれない。私もそういうことがある。ただ、そのときにポジティブに転換して歩み出せる人は、その後の人生がまるで変わってくるように思う。それができる人は多くないのだとしたら、それができた時点で夢の実現が約束されている。

◇逆境でも良いところを探す　夢を原動力にする

こうして、学年最下位レベルだった私が現役で早稲田大学商学部に合格することができた。プロの指導により得意を伸ばし勝負でき、効果的な勉強術やリラックス法を見出し、自分にとっては簡単ではなかったはずの目標を実現できた。

Part 2
【The Catch!】夢をつかむ

早稲田大学入学式(大隈講堂の前で)

野球サークルでのユニフォーム姿

1　早稲田大学アカペラサークル

♪憧れの東京 part2 アカペラとの出会い♪

入学すると私は何より先に、歌うステージと白球を追いかけるグラウンドを探した。歌に青春をかけるとともに、大好きな野球もとことんやってみたかったのだ。そしてそこで共に青春を分け合える音楽仲間、野球仲間との出会いを期待した。

新入生の獲得はどのサークルや部活にとっても死活問題だ。入学式を終えると無数の団体から勧誘を受けた。サークルだけで千を数える中で、音楽サークルも野球サークルも数多くあった。バンドサークルにキーボードでの加入を誘われたりもしたが、私はセンターで歌えるようになりたかったから歌を磨けるサークルを探し歩いた。

そんなときに手がかりにしていたのは、高校の修学旅行で訪れた長野は志賀高原のゲレンデで流れていた「永遠に」を歌うゴスペラーズだった。とても素晴らしいバラードとハーモニーで、私が初めて購入したＣＤでもあった。

ふと美しいアカペラのハーモニーが聴こえてきた。初めて生で聴くアカペラグループのハーモニーだった。新入生歓迎でストリートライブを行なっていたアカペラサークルだった。歌には九州代表くらいの自信を持って上京してきたが、そこで歌う5人組の全員がすでに自分よりも歌が上手いのではないかと思った。しかもそのようなサークル員が100人もいるということであった。私はワクワクした。ここで4年間揉まれれば、ボーカリストとして大きく成長できるに違いない。入部を決めた。そのサークルこそ、ゴスペラーズを輩出したアカペラサークル Street Corner Symphony だった。

◇心に残っているものが自分の人生を導く手がかりになる

♪楽しむときは目一杯楽しむ♪

野球サークルも野球部と同じく白に臙脂《えんじ》の WASEDA ユニフォームで勧誘していたチームに入ることにした。そのチームは商学部の先輩が多かったのでいろいろ教えてもらえそうだった。野球部出身じゃなくても大丈夫な和気あいあいとした雰囲気に安心した。

新歓紅白戦は人工芝のグラウンドでのナイターだった。練習着は高3のクラスメイトの野球部の友達がくれたものを着ていった。

最初の1カ月はサークルの歓迎コンパだけでご飯が食べられると聞いていたが、実際にそうだった。毎晩なにかしらの集まりがあり、高田馬場界隈のお店で全国各地から集う新入生と知り合い、先輩たちにかわいがってもらった。

他にも興味のあったマスコミ研究会や福岡県人会などのサークル新歓イベントに参加した。二子玉川でバーベキューをしたり、自由を謳歌した。

こうして探していたステージとグラウンドを見つけることができた。

♪サークルオーディション♪

ステージを見つけられたといっても、ステージに立つことは簡単なことではなかった。サークルライブに出るにもオーディションに合格して100人の中で勝ち抜かなくてはならない。そもそもサークルに入ること自体にもテストのようなものがあった。新入生歓迎練習というものが理工学部キャンパスの広い教室であり、そこに参加するとその日のうちに見ず知らずの新入生たちとアカペラグループを組むことになる。そして数時間の練習の後、全サークル員の前でアカペラ曲をハモるのである。5人でハモるアカペラは簡単ではない。一人が半音でも音がズレると、もうハーモニーは成り立たない。それでも一曲をなんとか歌い切る。その初日で入部を断念する人もいる。そのなかで何か光るものがあれば先輩グループから引き抜かれたりもする。入部できてもサークルライブに出られるのは限られたメンバーであった。4年間一度もサークルライブに出演できないメンバーもいる。

その場合はライブ作りの他のパートで活躍する道もある。音響、照明、ウェブ、渉外など、ライブ運営のあらゆる部門を学生だけで行なっていた。そういう意味でも音楽業界でプロになるためには良い経験の場であった。

私もハモりはまだまだ未熟だったが、課題曲だった「Stand By Me」や「夜空ノムコウ」では存在感を示そうと必死だった。「夜空ノムコウ」が次回の課題曲であると発表されたときは、楽器屋に楽譜を買いに行って事前に練習をした。その結果、ボーカルで光るものを見出してもらい、先輩グループに引き抜かれた。

それでも最初の夏のライブには受けたすべてのグループでオーディションに落ちてライブには出られなかった。ステージに立つ難しさ、ありがたさを痛感した。華やかなステージに立つ先輩たちの姿から、何かを自分のものにできないかと見つめた。

サークルライブの日は駅前でストリートライブを行なうなどして動員に励む。サークルライブとはいえアカペラブーム真っ只中だったこともあり、毎回のライブは４００名を超えるお客さんでほとんど満席だった。東京での初めてのストリートライブは新宿新南口だった。東京の街に自分の歌声が響いていることが嬉しかった。喜びを歌で表現した。

♪初のオリジナルソング「すずなり」誕生♪

アカペラで歌う曲は基本的にカバー曲が多かったが、並行してオリジナルソングの作詞作曲も続けていた。いつかソロとしてプロになるという目標も持ち続けていたからだ。

当時私をグループに誘ってくれた先輩のなかにも、オリジナルソングを制作している人がいた。後に作曲家として活躍することになる杉山勝彦さんだ。当時、杉山さんとよく曲作りを行なっていた。埼玉の入間にある自宅に行き、夜通し曲作りを行ない音楽論を語り合った。歌の上手いひとは山ほどいたが、オリジナルソングを作る人はほとんどいなかった。

そんなプロ志向の先輩の存在にも刺激を受けて、私も曲作りにますます精を出していった。

そして初めて自信作と言えるオリジナルソングが完成する。それが「すずなり」である。19の春だった。

これからの人生を想像して、最後に温かい気持ちで人生を振り返っているところをイメージして書き上げた。これから出会いも別れもたくさん経験するだろうが、その一つひとつを慈しめる最後でありたいと思った。東京で見たスクランブル交差点を行き交う人波や、東京駅から出発点は同じでもそれぞれの目的地へ交錯していく電車を見ていて、この歌に結実した。人生の行き先はだれにも分からない。分からないからこそ、目の前にいる人との今を目一杯に生きる。そんなことを自分自身にも訴える気持ちで書いた。

◇終わりをイメージすることで始まりが見えてくる

♪ゴスペラーズとの出会い♪

早稲田祭でのサークルライブにはＯＢが歌いに帰って来てくれる風習があった。ゴスペラーズのメンバーも同様だった。私がゲレンデで聴き、その歌声を夢への目印のようにしていたゴスペラーズの黒沢薫さんとも早稲田祭で対面することになる。また、渋谷のアパレルで働いていた従姉妹の仲の良かった友人が、偶然にも黒沢さんの友人であったこともあり、特に目にかけてもらえたようだ。その後、私がソロ活動を本格化するときには楽曲やライブへの感想や叱咤激励をいただけるようになった。また、いよいよデビューが決まったときには、同じくゴスペラーズの安岡優さんとともにデビューアルバムに「ALL I NEED」を書き下ろしてくださった。今も変わらずに温かく見守っていただいている。

◇その道の先輩　師を持つ

♪哲学♪

一般教養では興味のあった心理学や哲学なども受講でき、それはとても面白かった。哲学の授業で教わった内容でいくつか印象に残っていることがある。

私たちは自分のことはだれよりも分かっている気がしている。しかし哲学の矢内義顕教授に言われた。

「自分の後ろ姿を自分で見たことがあるか?」

確かに写真や鏡などでは見られても直接は見られない。私の後ろ姿は私よりも他人のほうが知っている。それは一つの例で、自分らしさというものは案外、人を通して見つけられるものなのかもしれない。

もう一つ、先生の言葉で覚えている話がある。

「自分は電車で哲学書を読んでいたら、自宅の駅をはるかに通り越して終点まで着いていた。そこで駅員さんに声をかけられてやっと我に帰った。そのとき、このくらい夢中になれることを仕事にしたらきっと幸せだろうと思って哲学の道に進んだ」

確かにその通りだろう。時間や周りの状況を忘れてしまうほど没頭できることがあるのなら、それを仕事にすることを考えたらいいかもしれない。

◇我を忘れるほど没頭できるものが自分らしさ

♪ゼミ面接落選　二次募集のラストチャンスを歌でつかむ♪

3年生になると自分の専門コースに分かれていく。何を専門で学ぶかを決めてゼミに入ることになる。ゼミは必須ではないが、また新たな世界が開ける気がしてゼミに入ることにした。しかし、人気のあるゼミは倍率もとても高く面接で落ちることも多い。成績が特に良かったわけではない私は、人気の広告研究ゼミナールの面接を受けたがあっけなく落選した。

商学部の校舎の張り紙を見ると、経営学のゼミが二次募集を行なっていた。そこに賭けることにした。そのゼミ面接でのことだ。教授やゼミ生からの質問に応えていた私だが、これと言って手応えはなかった。このままでは二次も落ちてゼミに入れないことになりそうだった。そんなとき面接

の最後にある先輩から、

「特技のアカペラをちょっと聴かせてもらうことはできますか？」

という質問がきた。

私はここぞとばかりに、「夜空ノムコウ」をアカペラで歌った。

会場の空気が一変した。

私は面接を通過し、晴れてゼミに入ることができた。

あとから聞いた話では、歌うまでの返答の内容では落選が決まっていたそうだ。歌で扉をこじ開けた。

◇芸は身を助ける

ゼミの小林俊治教授は日本経営学会理事長を務めるなど経営学界で活躍されており、柔和な人柄で授業中の閑話も楽しくて学生たちからも愛されていた。早稲田実業高校の野球部出身で、王貞治さんの高校時代の活躍やその素晴らしい人柄を聞かせてくれたりもした。軽井沢の大学の保養所で行なわれたゼミ合宿では、ソフトボール大会が開かれて年齢を思わせない俊敏なプレーを披露された。

あるときゼミの時間にノートに歌詞を書いていたのを教授に見つかった。

怒られるかと思いきや、

「冨永くんは歌をがんばりなさい」

と言ってくださった。背中を押してくださった恩師の一人だ。

ゼミではCSRという企業の社会的責任を勉強した。利益重視だけではなく得たものを社会に還元して貢献することの重要性を学んだ。

勝ち逃げは許されないということだと思う。成功して何かを得たら、それを社会や後進に還元していく使命があるのだ。

◇勝ち逃げは許されない　勝者は社会への恩返し　後進への還元の役目がある

♪音楽を仕事にするということ♪

数字が苦手な私であったが、商学部で学んだマーケティングや会社の仕組み、社会の成り立ちは、まさに経営やマーケティングの視点が必要な立場になったいま役立っている。全く別の会社だと思っていたものが、実は同じ企業グループであるとか、ひとつのブランドを拡張させていくときの成功パターンなども学んだ。

音楽業界はどうだろうか。時代が変わり古いシステムでは存続できなくなり、変わることができなかったプロダクションやレコード会社は終焉を迎えるケースも少なくない。新しい時代に合ったビジネスモデルを確立するためには、常に変わり続けなくてはならない。

今まではとても弱い立場に置かれていた、自らが価値を生み出すアーティスト側に追い風が吹いている。インターネット環境の進化により、だれでもが発信力を持てるようになった。価値ある作品を生み出せば、それを届けられる手段が無限にある。

その価値を拡張していくことも可能だ。アーティストが生み出す作品を中心に、そのアーティスト自体のキャラクターイメージ、CDなどの著作物、ライブなどの体験、それらと連動する番組。作品にも自ら発信するものと依頼をいただいて制作するものもある。少し考えるだけでも、派生する価値が無数にあることに気づく。それを実践して実現して高めていけば、漠然としたイメージでは仕事になり得ないようなアーティスト業も、充分に魅力的な価値を創造して仕事に結びつくことが分かるのではないだろうか。

そしてそこにはいつも、利他愛がなくてはならない。利他愛というのは自分の幸せは後回しという意味ではない。自己愛とは恐れや欲から己だけを大切にする心だ。利益重視の物質的な活動は必ず終焉を迎えることを、歴史が示している。他者の幸せに寄与することが常に根底にあり、そしてそれが最終目標でもあるとき、夢は実現する。社会貢献の精神が実現力を後押しする。

商学部で学んだことで音楽活動にも生かせるエッセンスがたくさんあった。

当時は実感が持てなかったが、実は社会に出てから一番役立つ学部だったのかもしれないと思う。そして社会貢献という責任についても、いつも忘れないようにしている。

◇社会貢献精神が実現力を後押しする

♪進路の分かれ道♪

周りの同級生がいよいよ就職活動を始める3年生の秋。プロを目指して活動していたアカペラサークルの仲間たちも、就職活動へとシフトチェンジしていった。私もその流れのなかで、就職に役立つと言われる新聞を購読したりもした。

しかし、もともと歌手になりたくて上京した私の心は、100％就職活動へは向かっていかなかった。むしろ、自分の本音を隠して就職活動へと切り替えることがとても難しかった。

周りからは当然のように就職を勧められる。悩みのなか、いろんな人に意見を聞いた。ゼミのOBの先輩方にも、諭されるように就職を勧められた。しかし、多くの声を聞くことは参考にもなった。聞いているうちに、自分の本心が見えてきたのだ。

「歌手の道に挑戦してみたら」と誰かに言ってもらいたい自分の本心が。

実際にそう言ってくれる人はほぼいなかったが、自分の本心が見えてきたらアクションを起こすしかない。

帰郷の際、私に早稲田大学進学を勧めてくれた高1の頃の担任M先生に会いに母校に帰った。進路の悩みを相談すると、やはり就職を勧められた。音楽はあくまで趣味にしたほうがいいと言われた。そこで、私は「すずなり」を簡易的に携帯電話で録音した音源を聴いてもらった。先生の表情が変わった。真剣な眼差しで聴き入り、最後は笑顔を浮かべて、こう言ってくれた。

「……これは、面白いかもしれんのう……。一度きりの人生じゃ。お前の夢に挑戦してみるか」
私は嬉しかった。私の心は徐々に定まっていった。

その頃、ほかにも自分の本心を見つめる機会があった。それは遠い異国の地で起こっていた戦争である。アフガニスタンやイラクでは毎日、多くの命が失われていた。テレビを通して伝えられる悲惨な光景に、胸を痛めた。生きたくても生きられなかった人たち、生きられても好きな人生を選べない人たちのことを知った。もし自分がその状況に置かれたらなにを思うだろうか。きっと、せっかくなら自分の好きなこと、やりたいことに挑戦すればよかったと思うであろうことが容易に想像できた。恵まれた状況下では、逆に自分の心の声が聞こえにくくなったりする。高望みをしたり、もっともっとと自分に課してしまったり。でも人生で本当に大切なことは、実はわずかなことなのかもしれない。

実際に日本を抜け出してみたこともある。日常から遠く離れてみると、自分の気持ちを客観的に観察できたりする。台湾に飛んだ。山高い坂道の街に華やかな提灯が並ぶノスタルジックな九份を訪れた。空に近い場所から眼下を見晴らすと視界が開けた。基隆という港町の野柳という海岸に行った。浸食によってできた特徴的な岩肌が並ぶ。海に一番近い場所に座った。海の向こうに雲が流れていく。その先には日本がある。日本に帰ったら自由に生きてみようと思った。

自分の好きなことが分かっていてその道を選べるのに、苦労や失敗を怖れてそれを選ばないということは違うんじゃないかと思った。それに、どの道を選んでも苦労も失敗も必ずあるものだ。それなら、その苦労の先にやりたいことがある、夢が持ててワクワクする道を選んだほうが、その苦労も乗り越えられる気がした。歌手の道に挑戦しても歌手になれる人は1％にも満たないかもしれないし、それでずっと食べていける人はもっと少ないだろう。だけど、そもそも長生きすることが目的で生まれてきたわけではないと思った。生きる長さというものは、宇宙の歴史の長さから比べたらどの人も一瞬であり、その差も一瞬の違いなのかもしれない。それならばその一瞬の命を目一杯生きたいと思った。長く生きることよりも、輝いて生きることを求めたいと。

歌手を目指していく道の先では、たくさんのワクワクすることが浮かんだ。歌を書いてそれをライブで届ける。そしてキャンペーンで全国を回る。やがては演技や、本を書くという夢もその道の先には見える気がした。どの道を選んだって大変なのは同じなら、心が充実する喜びを得られる道を選ぼうと思った。

就職活動をするとしたら、「御社を志望します。志望理由は……」ということを話すことになる。本当に志望しているのならいいが、私の場合は本当は歌手になりたいのだから、それは嘘になる。自分に対しても相手に対しても嘘をつくことになる。それはやっぱり選ぶべき道ではないと思った。

自分の気持ちに嘘をついて道を選ぶと、あとで人のせいにしてしまうと思った。自分は自信があったのに周りが就職しろと言ったとか、時代が厳しかったからとか。それはもはや自分の人生を生きているとは言えない。自分で責任を取れる自分の人生を歩みたいと思った。人のせいにしない人生を歩みたかった。自分の意に反して就職したとしたら、いつの日か音楽番組を見ながら、自分もやれたのにと妬むような気持ちすら抱く自分が想像できた。苦労して夢を実現した人に後ろ指を指すより、自分がそうなればいい。

就職活動とは自分の進路を決めていく活動である。それならば、私の就職活動は音楽活動ということになる。自信があるのなら力試しをするしかない。結果的にその道に進めなかったとしても挑戦した上での決断なら後悔もないだろう。とにかく、自分のオリジナルソングを歌って世の中の反応を見てみたい。

そう願っていたとき、力試しに相応しい舞台が訪れた。大学3年生の秋、2004年11月のことだった。

◇どんな道にも苦労はある　その先のワクワクで道を選ぶ　自分にも他人にも嘘をつかない道を選んだとき　運命は開かれる

2　プロデビュー

♪ソロ初ステージは東北岩手♪

歌手になるための活動としてできることは曲作りやライブであるが、それよりもまずすぐにできることで大切なことがある。

それは宣言すること。言葉にすること。

「歌手になりたい」

でもいいし、

「歌手になります」

むしろ、

「歌手です」

と言ってしまってもいいかもしれない。

それを宣言することで自分の意識が変わり行動が変わってくることと、周りが歌手に対する情報を運んでくれるようになる。

「ライブができるお店があるよ」

とか、

「知り合いに音楽業界で働いてる人がいるよ」

など、少しずつ道が開けていく。

そして実際にそのときの私は、実家が芸能プロダクションをしているという人と知り合うことになる。

本気であればそのプロダクションを紹介するということで、面談に行った。そこでやはり厳しい言葉を浴びせられた。

「早稲田を出て歌手になろうなんて親が泣くよ。音楽で食える人なんてほとんどいないよ。趣味にしてたほうが幸せ」

その手のことは何人にも言われたが、やはり業界の人にも同じことを言われた。それでも私は本気であることを伝えて、歌わせてもらえるチャンスがあれば是非にとお願いをした。

それからしばらく経って、私の携帯が鳴った。

「岩手のホテルで地元歌手のディナーショーがあるから、前座で歌ってみるか？」

私は即答し、岩手行きが決まった。

岩手県にあるプラザイン水沢。ここが私のソロシンガーとしての初ステージとなった。

自分はシンガーソングライターとして魂の叫びを歌にして表現していきたいと思っていたので、オリジナルソングで勝負しようと思った。まだそのときオリジナルソングは19歳で初めて書いた「すずなり」1曲だけだったが、1曲入魂で勝負することを決めた。

誰も聴いたことのないオリジナルソングでどんな反応が返ってくるか、それこそが力試しになると思った。

岩手に向かう道中はとてもワクワクした。ディナーショーのホームページに「オープニングアクト　冨永 裕輔」と表記されているだけですでに嬉しかった。わずかな小さな第一歩かもしれないが、この世の中に確かに歌手として自分の名前が表記されていることに胸が高鳴った。やがてこの波紋を少しずつ大きくしていけばいいと思った。

ディナーショーの会場は500名ほどのお客さんで盛り上がっていた。当然、誰も私のことを知らない。私の歌を聴いたこともない。アウェイのステージということになる。だからこそリアルな反応が返ってくるはずだ。

そして前座という私の出番のときがやってきた。

このときどんな挨拶をしたかは覚えていないが、ステージに立ちスポットライトに照らされて会場いっぱいのお客さんに見つめられた光景は覚えている。人生初ライブの高校文化祭のときと同じような、新鮮で心地よい緊張感を感じた。

私は心を込めて「すずなり」を歌った。頭は空っぽで魂だけで集中して歌った。その瞬間に身を委ねて、私の命、人生のすべてをこの時に捧げた。

歌い終えたとき、大きな拍手と私の名を呼ぶ歓声が返ってきた。文化祭のときにも似た体験だったが、今度は社会のなかでの反応である。私は手応えをつかんだ。

自分に対する自信は間違っていなかったと思った。

やはりこの道でとことん挑戦したい。東北の地で、新たに決意した夜だった。

◇夢を宣言することでチャンスが訪れる

♪名刺代わりのデモCDレコーディング♪

岩手での力試しで気持ちは固まり、本格的にソロ歌手としてプロを目指す音楽活動がスタートした。

プロを目指すためにライブを行なったりオーディションを受けるなどいくつか方法があるが、そのためには名刺代わりの音源があったほうがいい。そしてそのためにはレコーディングをする必要がある。しかし、当時の私はレコーディングに関する知識も経験もなかった。

そんな私のために、当時不定期で活動していた社会人バンドのメンバー達が力を貸してくれた。レコーディングのために無償で演奏してくれるというのだ。そして、レコーディングに使えるスタジオを教えてくれた。サウンドスタジオNOAHという、アマチュアもプロもリハーサルやレコーディングを行なえる都内各地に展開するスタジオだった。そして音楽専門学校の学生だったバンドのドラマーが、レコーディングの際に機材を操作してくれるレコーディングエンジニアを紹介してくれた。

こうしてついに私の最初のデモ音源「すずなり」をレコーディングできることとなった。そのときにはオリジナル曲が4曲となっていた。楽器レコーディングをスタジオNOAHで行ない、ボーカルを桜新町のエンジニア宅のスタジオで行なった。

◇準備が整ってからスタートしようと思うといつまでもスタートできない

♪少年に託された夢「KC. MY LITTLE BOY」♪

このアルバムには「すずなり」、「風花」、「大好きで」、そして「KC. MY LITTLE BOY」という楽曲を収録した。この「KC. MY LITTLE BOY」という楽曲は、大学3年生時の私とある少年との出会いが描かれている。正確には直接出会ったことはないのだが、その少年の生きた証に心を打たれて歌にせずにはいられなかった。

全国で開催されている「生命のメッセージ展」という展示を偶然にも早稲田大学で見たときのことだ。この展示は、事故やいじめ、病気などによって亡くなった方のご家族が、生前の思い出の品を故人の背丈と同じ大きさのパネルに飾り、亡き家族の人生を紹介するとともに、その人へのメッセージを展示するというものだ。それがそのまま亡くなられた方から私たちへの、生命のメッセージのように心に語りかけてくる。

２００4年12月12日、その日私はアカペラサークルの練習に早く着いてグループのメンバーを待っていた。そのとき他のサークル員にすすめられて、「生命のメッセージ展」が今日まで開催されていることを知る。何気ない気持ちで展示を見に行った。

会場を見て回っていた時に、一人の少年のパネルの前で私は立ち止まった。そこにはおもちゃのギターが飾られていた。そして見覚えのあるタオルがかけられていた。それは長渕剛さんのライブグッズのタオルだった。ライブビデオを前に歌う少年の写真がこちらを見ていた。私が中学生の頃に自暴自棄になっていた頃に長渕剛さんの「乾杯」に出会い、やはりライブビデオを見てギターを弾く真似をしてよく歌っていたことと重なった。

そしてそこには少年のお母様からの手紙が展示されていた。

少年が大好きだった長渕剛さんの歌の歌詞を引用したメッセージだった。よく歌詞の意味も分からないはずの年齢の頃から、長渕さんの歌に反応しておもちゃのギターで一緒に声を出していたそうだ。そして、「いつか剛に会いたい」と願っていたと。私は少年の純粋な想いに触れて、涙が止まらなかった。少年時代の自分とも重なった。

歌や歌手の好みや出会いも十人十色であり、強く惹かれるのはなにかご縁があるからだと思う。長渕剛さんの音楽を介してこのときこの少年と私は出会った。そして、

「いつか長渕剛さんと歌えるくらいの歌手になるから、そのとき一緒に会いに行こう」

と心のなかで少年と約束を交わして、会場をあとにした。

その後、ご縁あってこの少年のご家族と私はお会いすることになる。そして少年のお墓にもお参りさせていただくことができた。そのとき少年が使っていた名前入りの鉛筆をいただき、今も大切にしている。

少年のお母様からは、

「トミーさんのCDがお店に並ぶ日が来ることを願ってます」

と応援の言葉をいただいた。

その後ソロ活動をして最初に得たわずかなお金は、ささやかながら少年とそのご家族との出会いを結んでくれた「生命のメッセージ展」の応援に使わせていただいた。


「KC. MY LITTLE BOY」　作詞作曲　冨永裕輔

「さよなら　KC　また会える日まで　もっと君は君であるように」
君のママの手紙を見たとき　僕は涙が止まらなかった
僕らは同じ夢に向かい走ってたんだよ

BUT YOU'VE GONE AWAY FOREVER
YOU NEVER COME BACK AGAIN

KC. MY LITTLE BOY
きっと君があの日　僕を呼んで背中を押してくれた
KC. MY LITTLE BOY
そんな生き方も　間違いじゃないよと背中を押してくれた

天国の君のために手紙を書こうとしたけど　送る言葉が見つからなかった
だって君に誓った夢に向かう途中だから
WHEN MY DREAM HAS COME TRUE
I PROMISE WE'LL BE TOGETHER

KC. MY LITTLE BOY
この歌を君と君のママに捧げよう
KC. MY LITTLE BOY
僕なりのこんな方法でこの思いを伝えよう

DEAR MY KC, THIS SONG FOR YOU

さよなら　KC また会える日まで

♪ミニアルバム「すずなり」完成　渋谷初ライブへ♪

多くの人に支えられて無事にデモ音源が完成した。ジャケットデザインはアカペラサークルの同期でパソコンに強い友人Hが手がけてくれた。そしてなんと、活動を継続してより拡大していくために私の個人ホームページを作成してくれた。私の音楽活動が世界とつながったような可能性を感じて心が弾んだ。しかも誕生日プレゼントだと言って私の誕生日に開設してくれた。友の優しさと期待に勇気が湧いた。

そしてホームページを開設してすぐに、ライブ出演依頼メールが届いたのだ。渋谷の宮益坂の雑居ビルの地下にある「多作」という小さなライブハウスからであった。私はすぐに出演依頼を受け、私の東京での初ソロライブが2005年4月に決まった。

ライブハウスでの出演の場合、チケットノルマが課せられる。確か2000円ほどのチケットを10枚というのがノルマだったと記憶している。これが売れなければ自腹で払うことになるが、それ以上売れた分はパーセンテージに応じて出演者に分配される。

このときはまだデビューもしていないのでファンの人はいない。10人のお客さんを呼ぶことも簡単なことではなかったが、社会人バンドのメンバーと、野球サークルの仲間達がライブを聴きに来てくれた。与えられた持ち時間は30分ほど。デモ音源に収録した持ち歌4曲と、カーペンターズのカバーで「Close To You」を歌った。ライブを聴いている仲間達の温かい眼差しが嬉しかった。

ライブが終わった夜、ライブに来てくれた仲間がささやかな打ち上げを開いてくれた。私の新たな門出を祝ってくれたのだ。私の存在そのものを肯定してもらえたようで、もう死んでもいいと思ったのを覚えている。自分の作った曲でデモ音源が完成しホームページが開設され、自分の表現をソロライブで見てもらえた。その満足感はとても幸せなものだった。これもステージに立ち続ける原体験の一つとなった。

この日のライブをきっかけに、渋谷「多作」をはじめ都内各地のライブハウスでブッキングライブに出演することになる。ブッキングライブというのは、一人では満席のお客さんを呼ぶことが難しいアーティスト達が、何組か出演するオムニバス形式のライブのことである。そのなかで、いかに他のアーティストより記憶に残るパフォーマンスをしてファンを増やしていけるか。一回一回が勝負だった。ファンになってくれた方がいたら、次のライブにもまた来てもらえるように毎回新曲を書いてライブで発表した。

時にはプロデビューしているアーティストと共演が組まれることもあり、そんなときはプロは何が違うのかと歌やトークに刮目《かつもく》した。プロはやはり光るものを持っていて、トークや構成力など全体のバランスも洗練されていた。しかし、圧倒的に敵わないとも思わなかった。歌や楽曲に関しては負けていないと思った。とは言え、バラード中心だった当初の私は楽曲の数も幅も全然足りていないことを自覚していた。

プロアーティストのライブ時間には多くのファンが聴きに来ていて、そのアーティストのときには客席が満席なこともある。私の出演がその次だったりすると、自分のファンを増やす絶好のチャンスだと気合を入れてステージに上がる。ライブハウスのブッキング担当者からも、

「お客さんが多いタイミングに出番を入れたからがんばって！」

などと言われて、ますますモチベーションが上がる。

しかし、ステージに上がるとさっきまでいたはずの満席のお客さんが誰もいない。お目当ての歌手が終わったらみんな帰ってしまうのだ。今にさっきのプロ歌手よりも活躍してやると思いながら、ガラガラの会場に向けて大きな声で歌った。

その当時、オファーが来たらひとつでも断ると夢の道が閉ざされるような気がして、貪欲にすべてを受けていた。自らもワードで作ったお手製のチラシと音源を持って渋谷のレストランなどを開拓して回った。一人のときもあれば、野球サークルの仲間が一緒になって回ってくれたこともある。あまりにライブの回数を増やしていたら、チケットノルマが捌けなくなった。友達もそう何度も続けてはライブに来てくれない。あるときは新宿御苑近くのライブハウスでステージに立ったとき、50名は入りそうな会場にお客さんは2人だけだった。そして捌けなかったノルマ代として、2万円

ほどを自腹で払った。その2人に救われた思いがある一方、その夜は虚しい気持ちにもなった。好きなことをただやっているだけではだめだ。

◇原体験の喜びを活力にする

♪南国宮崎からの声援♪

その頃、渋谷でのライブを聴いてくれた宮崎出身の方が、「すずなり」を地元に持ち帰り口コミで広めてくれた。そしてなんと宮崎県での初ライブを開いていただけることになった。CDを作って渋谷の小さなライブハウスで歌ったことが、思いがけず遠くまで届いていた。歌手になって全国を回り歌を届けていくという夢が少しずつ現実になっていった。

宮崎ではジャズライブバーやビアガーデン、シーガイアリゾートの屋内ビーチなどでもライブをやらせていただいた。地元ケーブルテレビに出演して歌うという初めての経験もさせていただいた。初めてのことは失敗することも山ほどあったが、プロになるための貴重な経験を宮崎で積ませていただいた。

いまだバラードしか持ち歌がなく、シーガイアビーチの真夏の砂浜でもクリスマスのラブソングを歌うしかなかった。明るい曲やアップテンポなどの幅広い楽曲の必要性を痛感した。

ライブ内容はまだまだ未熟だったがそれでもライブ後に、

「がんばってね」

とCDを買ってくれたおじさんがいてくれたりして、とても励まされた。足りないところもたくさんあったはずだが、持っているものの伸びしろに期待してくれたのだと思う。完璧な準備が整ってからスタートしようとしていたらいつまで経っても動き出せない。未完成でも表現すればだれかの心に届く。そして失敗も含めてその経験に砥石のように磨かれて、進んでいける。100%でなくても自信のかけらがあればいい。あとは経験のなかで自信を深めていくほかないのだから。

アマチュア時代の自分を応援してくれた宮崎の方々には、今でも本当に感謝している。

◇逃げなければすべての経験が糧になる

♪出られなかったサークル卒業ライブ♪

いよいよ大学最終学年の残された日々も少なくなっていた。野球サークルは夏の大会で引退して、学業とソロ活動、そしてアカペラサークルの卒業ライブに向けた練習を続けていた。このアカペラサークルのライブは、サークル内のオーディションを通過しないと出演できない厳しいものだった。100人ほどいるサークル員のなかで、ライブに出られるのは毎回その半分未満であった。私も例外ではなく、出られるライブもあればオーディションに落ちてサークルライブに出られないということもあった。

とはいえ4年生最後の卒業ライブに限っては、できるだけ4年生を優先的に合格させるような風潮があった。4年間一度もサークルライブに出られなかったサークル員もいたし、最後は卒業生みんなでステージで締めくくれるように、他のライブに比べて卒業ライブだけはライバルとの凌ぎ合いだけではなく温かい空気もあった。体育会系文化サークルと呼ばれることもあったが、まさに強豪校の運動部にも似ていた。プロを目指す人たちが全国から集まり、レギュラー争いに勝ち残った者だけが試合に出られる。でも最後の引退試合は、ずっとがんばってきた選手にたとえわずかな時間でも何らかの役目を与えてあげる。

ちなみにサークルライブのオーディション合否をだれが決めるかというのも疑問かもしれないが、そのライブごとに立候補したサークル員がプロデューサーとなりライブを作る。その学生が自分の作るライブのイメージに沿って出演グループの合否を決めるのだ。そしてこのときのプロデューサーは私にとっては後輩に当たる3年生だった。

そしてオーディションで「すずなり」など3曲をアカペラアレンジで歌い、後日の合否の連絡を待った。

数日後の夜に私の携帯が鳴り、そしてプロデューサーとなった後輩からオーディションの合否が告げられた。

その瞬間、私は耳を疑った。

「残念ながら、今回は不合格ということになりました」

卒業ライブに出られない？　そんな想定外の現実が目の前に横たわっていた。

「今回は？」

って、今回で最後なのに。

ライブにはぜひ来てくださいと言われたが、とても参加する気にはなれなかった。卒業していく同級生たちを遠くから眺める卒業ライブなんてまっぴらだと思った。しばらく一人で過ごした。

そんな私に同級生たちは、最後のライブを一緒に迎えたいという気持ちを伝えてくれた。なかには涙してくれる友もいた。

戦友たちの気持ちに触れて、少しずつ私の心も変わっていった。


そして卒業ライブの日、会場の吉祥寺のホールに向かった。華やかなステージで歌う同級生の姿を目に焼き付けた。そして、最後の瞬間、卒業生たちが紹介される全体合唱の時間に私もステージに上がった。短い時間だったが、同級生たちと立つ最後のステージから見える景色を胸に刻んだ。

そのときふと思った。高校3年生の文化祭にも出られなかったなと。でもそのお陰で私はより強い気持ちを持って夢の実現のために上京できた。こういう出来事は、もうそこには自分の居場所はないんだという メッセージなんだと思う。次のステップに進むべきときが来たんだという音楽の神様からのメッセージなのだと受け取った。アカペラグループとしてのステージはもうこれで終わり、ソロシンガーとして高みを目指して突き進みなさいということなんだと思った。

さらに貪欲にステージを求める気持ちを心に刻みこんだ。このときステージに立てなかった悔しさがあるからこそ、たくさんの、そしてもっと大きなステージを求め続ける気持ちがその後枯れることはなかった。

◇挫折は飛躍の前触れ

♪卒業♪

アカペラサークルを卒業し、大学も卒業の時を迎えた。この頃、アカペラサークルの同級生の中にもプロを目指すメンバーもいた。中には、就職に有利な新卒という権利もなくしたくないために、わざと留年して5年生となりながら音楽活動を続ける仲間もいた。音楽活動で芽が出ればその道に進み、難しければ新卒採用として就職するという考えのようだった。私もそのような選択はできたが、それはしなかった。保険をかけながらというか、逃げ道を残しながらだと、歌の力も弱まってどちらも中途半端になってしまう気がした。

プロになる何のあてもなかったが、4年で卒業する道を選んだ。楽しかった大学生活、多くの出会いや経験のなか、人間として磨いてくれた4年間。この日々は生涯の宝物である。しかし、そこにいつまでもしがみついてはいられない。宝物だからこそ、その輝きのままで離れて進むことを選んだ。

◇退路を断って進む

3　ライブ&バイト生活

♪人の5倍動く♪

アルバイトをしながらのソロシンガーとしての音楽活動の日々が始まった。そのときに自分に決めたことがある。アカペラサークル時代の自分に負けない努力をすることだ。それはどういうことかというと、アカペラグループは5人組だった。集客にしても曲作りにしても、5人が力を合わせれば大きな力になる。ライブのときのチケットノルマにしても、一人で10人を呼ぶのは大変だが、5人なら一人で2人を呼べばいい。5人が10人呼べばもう50人になる。ソロになるということは、圧倒的に数のパワーで劣るということだ。それをどこで埋め合わせるか。少なくとも一人で今までの5倍曲を書き、動き、歌う必要がある。それは楽なことではないが、その分自分が磨かれると思った。その気持ちさえ持ち続けられれば、数のパワーをいつか逆転できるときが来る。一人だからこそ意思決定のスピード、行動力では勝てるかもしれない。人が増えればそれだけ話し合いや会議、確認などの期間が必要となる。

社会の中で大きな団体や組織と仕事をすると、なかなか物事が前に進まないということが多々ある。組織力というものは素晴らしいパワーを生むこともできるが、うまく機能していないと細分化された組織が物事を進める足かせとなることもある。大きな組織が1週間かけることを1日でやり、1カ月かけることを1週間でやり、1年かけることを1カ月でやる。その積み重ねは大きな仕事力となり、実現力を生む。

フットワークの軽さという強みを生かせば、弱者の立場でも勝負に勝つことができる。人の5倍働くということは今でも私の基本的なペースになっているが、その競う相手はグループ時代の自分だ。

◇フットワークの軽さは数のパワーにも勝る実現力になる

♪先の見えないモラトリアム♪

とはいえ、先の見えないアルバイトとライブ活動、曲作りの日々はもちろん不安も多かった。今まではそれでも大学生としての守られた環境にいた安心感もあったが、いよいよ社会に出るとモラトリアム人間として自分のアイデンティティが揺れ動く気持ちもたびたび感じた。今までは心地よく感じた大学近辺の住まいも、現役大学生と自分とのギャップが浮き彫りになり寂しさを感じることもあり、大学から離れた街へ引っ越した。

しかしそんな揺れ動く気持ちのなかだからこそ書けた曲もあった。その頃に書いた曲は10年以上経った今でもライブで歌っている。魂の叫びがこもっている歌は時代の変化にも色あせない。その後それらの歌が新たなファンの方々との出会いを結んでくれた。心が満たされた状態では生まれない歌もある。心の隙間に生まれる歌もある。そんな歌だからこそだれかの救いとなることもあるのかもしれない。心の渇望が生んだアートには強い力があり、それこそが私の魂の叫びであり私の人生の歩みの証となっていた。心の痛みから魂の叫びが歌となったときに、心の傷は和らいでいた。そしてまた歩き出せた。

仲間たちと違う道へ進むことは多くの別れを経験させた。自分で決めた道とはいえ、後ろを振り返ってしまう気持ちになることもあった。あのときこうしていればとか後ろを向いて自分を悔いている状態だ。それよりも大切なことは、そんな自分と出会ってくれた人たちがいてくれたこと、大切にしてくれた人たちへの感謝だ。思いが自己愛から他者への感謝に向いたとき、とても温かい優しい涙が込み上げてきた。心の氷が溶けていくのを感じた。そして人生の尊さとは、転ばないことではなく転んでもそこからまた立ち上がることだと気づいた。そのときの立ち上がる力になるのが、他者への感謝、利他愛である。その気持ちの上に立ったとき今までよりも強い自分になることができた。

そんな思いが「Message」や「戦友」という歌になった。

そして自分の魂の叫びがこもった歌を歌うと、涙を流しながら聴いてくれて、「癒されました」「励まされました」と言ってもらえるようになっていった。自分らしい人生の歩み方で人の役に立つことができることを知った。

◇感謝の心が立ち上がる力になる

♪ストリート魂♪

その頃、東京でライブハウス以外のライブへも進出した。アウトレットモールのステージである。休日ともなるとたくさんの人で賑わう商業施設で、1日3回の無料ライブをやって自分を知ってもらう。

CDと履歴書を郵送してライブ出演を申し込む。その後プロデビューしてからも全国のあらゆる商業施設でライブを行なうことになるが、その最初は東京多摩南大沢のアウトレットモールであった。こういうステージでは、ライブはもちろん会場設営や音響もこちらでしなくてはならない。

初めてのアウトレットモールでのライブでは、アカペラサークル時代の音響セクションの後輩が手伝ってくれることになった。実際、やってみると会場のスピーカーからうまく音が出なかったため、念のため持参していた小さなスピーカーでなんとかライブができた。一人ではそこまでは対処できなかったので本当に助かった。

ライブハウスはライブを聴きに来るお客さんに向けて歌うが、商業施設では特にこちらに興味がない人たちにいかに足を止めてもらえるかが勝負になる。そのパフォーマンスを磨くにはとてもよい修業の場となったし、商業施設でのライブで私の歌と出会ってくれて今でも応援してくれるファ

ソロ活動初期　都内各地のライブハウスやカフェを開拓していく

ンの方も少なくない。曲作りを行ないながらライブハウス、商業施設、レストラン、ストリートなどでのライブを続けた。

ストリートライブも一筋縄ではなかった。まず、東京には歌手を目指す歌い手が集まってくるので場所取り合戦から始まる。人気の新宿駅前などでは数十メートルおきにミュージシャンが演奏しているような状態も珍しくない。電子ピアノとピアノスタンドを抱え、キャスターでスピーカーとCDなどを引きずってやっとの思いで駅前に行っても、場所が空いていない。新宿駅西口前が空いていなければ南口へ、そこもだめなら東口へ、そこもだめなら他の駅へ。渋谷駅や新宿駅、池袋駅などはストリートミュージシャンも特に多く、私は中野駅前や川口駅前で歌う機会が多かった。

なんとか場所を確保できて歌っていると通行人に絡まれたりすることもある。警察に怒られて終了せざるを得ないことも多かった。そのため運よく歌えたときは歌える限り歌い続けた。電車が停まる度に人の波が訪れる。その瞬間が勝負である。次の波、次の波と繰り返しているうちに、歌い始めて気づいたら5時間経っていたこともあった。

そんなわけでストリートに向かうときはとても勇気が必要だったし、ストリートライブをする必要がないくらいの歌手に早くなりたいと思った。何時間歌ってもなかなかCDやチケットを買ってくれる人は多くないが、ホットカフェオレを笑顔でそっと渡してくれる人がいたりして、励まされてまた歌い続けた。

このときは辛さも感じていたが、このような経験があったからこそ今がある。今は全国各地にライブに呼んでいただけるようになった。コンサートホールでは素晴らしい音響や照明の中で歌わせていただいている。またときには、音響設備が整っていない会場に呼んでいただく際は恐縮されることもあるが、そこには楽しみに待っていてくださる主催者やお客さんがいる。それだけでどんなに幸せなことだろうか。

マイクの調子が悪ければアカペラで歌えばいい。照明だってもとは街灯や月明かりの下で歌っていたのだ。

お客さんがライブに集中して楽しめる環境であることはいつも気をつけているが、私自身はストリートで鍛えた喉とストリート魂で、環境を選ばず歌える。あの日々に感謝だ。

◇恵まれた環境の中だけでは学べないことがある

♪巻き込み力♪

東中野にあるMusic Live Drumというライブハウスでライブをしたときのことだ。オーナーのママさんに言われて心に残っている言葉がある。それは、

「夢を実現していく人は、次々にその夢を応援してくれる人に出会う」

というものだった。夢を実現するためには人生に起こることに感じて動き、現実を変えていく。感動して振動する心は、他者の心も振動させていく。その夢に共鳴してくれる人が同じ夢を見てくれる。それが多くの人になったとき、夢が実現している。

このオーナーの言葉は、その後もことあるごとに振り返り、その時々で出会い私の夢を応援してくれた人たちへの感謝を思い起こさせてくれる。

◇夢を実現していく人は、その夢を応援してくれる人に出会う

♪七夕の宮崎で結んだプロデビュー♪

ついにデビューのチャンスが訪れた。アカペラサークルの先輩でもあるゴスペラーズをスカウトした経緯もある、ラッツ＆スターのベースボーカリストで音楽プロデューサーの佐藤善雄氏が、私の送ったデモ音源を聴いてくれてライブを見に来てくれることになったのだ。オーディションなどもたくさん応募していたが、やはりご縁のある人と出会うのが人生のようだ。

渋谷でのライブなどを、佐藤さんやゴスペラーズの黒沢薫さん、また黒沢さんを通じて知り合っていた平原綾香さんが聴いてくれるなど、少しずつ音楽業界のなかでも私の歌を知ってもらえるようになっていた。平原さんは「戦友」という歌を気に入ってくれた。私より先に音楽の世界でプロとして活躍する先輩たちから叱咤激励をいただきながら、シンガーソングライターとして成長していった。

そんななか、応援してくれていた宮崎の皆さんが宮崎科学技術館のプラネタリウムホールでの七夕ライブを開催してくれることとなった。そしてなんとアマチュアの私の七夕コンサートに200名の方々が参加してくれて、満席となった。そのライブに東京から佐藤さんも見に来てくれることになった。

その日のコンサートは普段と違い、プラネタリウムに映し出される星空とともに歌った。夕焼け空では「赤とんぼ」を歌ったりもした。

そしてそのコンサートで歌った「Message」や、デビューもしていない私への温かい声援を見た佐藤さんから、デビューアルバムのレコーディングを言い渡された。まだまだ未完成な私だが、磨いていけば多くの人に歌が届く歌手になれるという可能性を感じてもらえた。ついにプロデビューの扉が開いた2006年七夕の夜のことだった。

デビューを後押ししてくれた宮崎の皆さんへの恩返しの気持ちを込めて、その後デビューした年に宮崎県で発生した鳥インフルエンザ被害の際には、応援ソング「日向かい風に乗って」を書かせていただいた。

◇プロから学ぶ

♪東京駅でデビューライブ♪

六本木のスタジオでプロとしての本格的なレコーディングを行なった。学生時代、そしてアマチュア時代に書きためていた曲のなかから9曲が選りすぐられ、ついにデビューアルバム『すずなり』が完成した。デビュー日が2007年1月26日に決まった。

デビュー日の記念ライブイベントは、奇しくも私が長年アルバイトを続けて『すずなり』の楽曲の世界観のモチーフにもなっていた東京駅で行なわれた。多くの人が駆けつけてくれて、また東京駅を利用する人たちも足を止めてくれた。レコード会社が用意したCD枚数が足りなくなってしまうほどの盛況でデビューを応援していただいた。

しかしそこからが本当の試練の始まりであった。プロデビューした瞬間から、お客さんからは当然のことながら他のプロアーティストと同じ土俵で見られる。レコード会社からは常に結果を求められる。プロ歌手に求められる結果というのは、CDセールス枚数である。今までは自分の思いを歌にしながら、良い曲を、良いライブをと取り組んでいればよかったかもしれないが、この瞬間から1日でも早く売れることを求められる存在になったのだ。いわばレコード会社の社員さんの生活や人生まで背負って歌うことになる。その責任や期待に応えなくてはいけないという気持ちを常に背負うようになる。また、プロデビューしたからといっていきなり実力が上がるわけではない。昨日まではアマチュアだからと許されていたような小さなミスも、プロとしてはスタッフからもお客さんからも許されない。足りないものだらけの自分を痛感した。楽曲の幅も、歌も、トークも、ステージでの動きも、すべてにおいてプロとしてのパフォーマンスを磨くための本当の修業がこの日からスタートした。

♪チケットを買うお金でディズニーランドにも行けるんだよ♪

デビュー当時は、お客さんの期待に応えられないライブもあったと思う。そんなとき、レコード会社の社員さんから言われた一言が胸に刺さった。

「ライブチケットを買うお金で、ディズニーランドに行くこともできる。そのお金と時間でライブに来てくれているんだよ」

その通りだ。他にも楽しいことはいくらでもある中で、私のライブに貴重な時間とお金を使って来てくれる。その人たちに、行ってよかったと思ってもらえることがプロの使命だ。

できないことをできるようになるのは簡単なことではないが、課題が分かっているだけ幸運というものだ。プロレベルでも活躍できる実力を身につけるためにあらゆることにトライした。幅広い楽曲を生み出すためには、今まで以上に世界中の古今東西の音楽を貪欲に聴いた。邦楽洋楽問わず、勉強になるコンサートに積極的に出かけた。同じくピアノ弾き語りのビリー・ジョエルのライブに学ぶ一方で、ダンスグループのライブに出かけ、ステップに注目して自分の楽曲に置き換えてイメージした。

ダンススタジオにも通った。周りの人はジャズダンスやバレエの経験豊かなダンサーやミュージカル俳優が多かった。私だけまるでついていけなかったが、自分のライブに活かせることを必死で探した。私の楽曲はダンスコーナーがあるわけではなかったが、何気ないステップを底上げしていった。

ミュージカルオーディションに参加したこともある。二次面接で落選したが知らなかった世界での経験が、結果的には自分の枠を広げて自分のステージに戻ったときに余裕が生まれていった。

勝負所であるボーカルをさらに磨くために業界屈指のボイストレーニングに通った。1時間3万円というレッスンに続かない人が多かったが、それだけの学びに満ちていたのでなんとかアルバイトで稼ぎながら通い続けた。その甲斐もあり、歌える音域が上にも下にも格段に広がった。レコーディングやライブ本番に挑む準備の仕方も、そのとき習った方法をその後も続けている。

参考になるライブDVDを見て、2時間の動きを振り付けやトークを含めて完コピする練習もした。それを毎週レコード会社の社長の前でテストする。それはとてもきつい練習だった。遠征先にもパソコンを持って行って寸暇を惜しんで練習した。

すでに大舞台で活躍していたアーティストのライブを研究すると、トークも重要だと気づいた。一流のアーティストは、トーク内容も含めて全体のライブが構成されている。

今までは曲の説明が中心だったトークを一新した。トークでリラックスできるからこそ、曲のメッセージもより伝わる。アマチュアとプロの違いはそこだと思った。アマチュアはトークの重要性に気づかず何も準備せずにぶっつけ本番で話すことが多い。それではたまたまうまくいくときはいいが、うまく着地できなければお客さんが置いてきぼりのまま曲に突入してしまう。曲への思いが強すぎて伝わらないトークになっていることもある。曲への強い思いを伝えるためには、伝わるトーク力を身につけなくてはならない。強い思いほど軽やかに話すほうが伝わることもある。悲しい気持ちほど明るく伝えたほうが伝わることもある。

ライブに限らず、話し上手な人は相手も巻き込んで楽しませる。話題をテーブルに乗せてそれをみんなで囲めば楽しいコミュニケーションが成り立つ。話題を自分の中に抱えたままでは聴く人は参加できない。ライブはトークも歌も含めてお客さんとのコミュニケーションによって成長していくものだ。コミュニケーションがうまくいくと、神がかり的なライブになる。ステージと会場が同じ気持ちで一つになり、愛に満ちた調和した空間がそこにできあがる。

トークの重要性に気づいてから、話す内容を事前に考えうるだけ書き出すようになった。書いてみると自分の頭の中が整理され、全体の流れが見えてくる。その結果、選曲や曲順をより良く修正

プロデビューを果たしライブ活動が県外にも広がっていく

することもできる。必ずしも当日その通りに話すとは限らない。想定外のことが起きるのがステージだ。だが、このライブでは自分はこんなことを伝えたいんだ、ということが自分で明確になった上で本番を迎えられるので、イレギュラーなことにもより柔軟に対応できるようになる。

書くということも実現力に効果を発揮する。強くイメージしたことは具現化していくが、書くことによりイメージがより明確になる。夢を宣言するのと同じで、成功したライブの流れを書き出すことで、ライブの成功イメージを持ってステージに上がれる。

入念に準備することによって、そのステージをいい意味で支配できる。遊園地のアトラクションにも似ているかもしれない。絶対に安全ということがわかっているからこそ、お客さんはドキドキワクワクを存分に楽しめる。本当に危険だったらそのアトラクションは成り立たないだろう。信頼できない運転手の乗り物にも乗りたくないだろう。そのライブを通して、スリルも感動も喜びも悲しみも存分に感じて自分を解放し楽しめるのは、ステージに信頼できるプロがいるからだ。

ピアノ弾き語りの幅を広げるために、毎月ピアノ弾き語りのみで新曲を30曲ほど歌うソロライブも3カ月連続で敢行した。新しい曲を書くことや覚えることは物理的にも時間が必要になるので、限られた時間で成果を上げる工夫を見出していった。勉強の方法と重なる部分もあるが、とにかく記憶を定着させるために朝夕繰り返す。

デビューしてからの数年間は、心身ともに極限に追い込まれもした修業の日々だった。しかし、その日々で音楽家としての基礎体力を鍛えて、苦労もしたことで人間としての幅を広げることもできたのだと思う。

デビュー後に歌い巡った各地の商業施設などでは、そもそもステージがないことも多かった。お客さんよりずっと早い時間に会場入りして、倉庫からステージになる板を運び込んでステージを作るところから始める。ステージが完成する頃にはくたくたになるほどの重労働であるが、そこからが本当の目的で1日3ステージを行なう。3ステージが終わったら、またステージを解体して倉庫へ運んでいく。早朝から帰宅する頃には夜遅くなっている。そんな日々が、私にステージへの感謝、お客さんへの感謝、人間としての謙虚さを刻み込んでくれた。その日々のなかで出会い、応援してくれたファンの方々への感謝。また、その修練の日々を共に二人三脚で歩んでくれたプロデューサー、スタッフの方々に心から感謝している。

プロというのは、たとえどんな場面を任されたとしても、必ずお客さんを満足させる総合的な魅力を持っていなくてはならない。

自分の得意なことは置いておいて、苦手なことを克服するための日々はとても苦しい日々だった。しかし、もしこのとき得意なことだけで仮にすべてがうまくいっていたら、次に壁にぶつかったときに、私は真っ逆さまに落ちて這い上がることができなかったかもしれない。私が本当に幸運だったのは、実はすぐに成功しなかったことなんだと思う。一歩一歩、地を這うように一歩一歩階段を登っていった。底辺から一歩一歩積み上げたから、その後、音楽の長い旅を続けられているのだと思う。傷つくことも多かったが、傷ついて再び歩き出すたびに、不必要なこだわりやエゴを脱ぎ捨ててより自分らしく歩み出せた。

守られ楽しんだ大学生活と同じく、厳しく育てられた東京での後半の数年間も宝物だ。

◇イメージを言葉に書き出すと実現する

♪初の全国放送♪

相変わらず苦しい日々は続いていたが、嬉しい連絡が飛び込んできた。私が幼い頃から大好きだったＮＨＫみんなのうたで私の楽曲のオンエアが決まったのである。

「がんばってたらいいこともあるんだな」

一人の自室でそう呟いたのを覚えている。

この決定までの半年間も己を試される日々だった。みんなのうたのプロデューサーさんが鬼に思えてくるほど（笑）何度もボツ、ダメ出しの繰り返しで、それが半年間続いた。今になって思えばそれはプロとして当然のことで、妥協なく良い楽曲をオンエアするためには必要な期間であった。しかし、求められるリクエストに対してこれでばっちりだと思って修正した楽曲を提示しても、毎月必ずボツとして突き返される。それが続けば、もういいと言いたくもなる。実際に最後のほうはもういやだと思っていた。

このときなぜ何度も突き返されたか。確かにリクエストには応じた修正であったかもしれないが、それは相手のリクエストを聞きすぎて、自分らしさのどんどん薄まった作品になっていたのだ。みんなのうただからこういう作品がいいだろうとか、求められているのはこういう世界観だろうとか、そこに合わせ過ぎてはだれが書いても同じようなものになってしまう。最後の最後で吹っ切れた私は、せっかくの機会だから自分が言いたいメッセージを歌に込めよう。自分らしい歌を書こう。それでダメなら納得もいく。

そう決めて書き直した。その楽曲がみんなのうたプロデューサーから認められたのだ。レコード会社のスタッフの意見もあり、仕事相手のクライアントのリクエストもあり、プロとして楽曲を書くということはあらゆる制約のなかで最善を提示するということになってくる。しかし、そのなかでも自分らしい表現の輝きに勝る強さはないように思う。

こうして、私にとって初のＮＨＫみんなのうたとして「遠い恋の物語」が全国オンエアされた。

◇あらゆるしばりの中で自分らしさを込める

♪未来をすでに実現していることとして話すと現実化する♪

これより数年前にひとつエピソードがある。大学４年生の頃、

「自分の歌はみんなのうたで流れている」

と知人に宣言したことがある。このときはまだデビューもしてない学生でハッタリなのだが（笑）嘘を言っているような感覚はなかった。その言葉はごく自然なことに感じられたからだ。宣言した言葉が現実を引き寄せてくるということはあるかもしれない。その結果としてそれが実現するためには、その現実に見合うかどうかの自分を試すような試練は訪れると思う。しかし、その入口として試練を引き寄せることは自分の言葉でできるのかもしれない。その試練に打ち勝ったときに、夢は実現するように思う。まずは、自分にとってそれが自然だという感覚を持ってイメージできる未来を宣言してみる。その瞬間から、その現実に向かって人生が動きだす。その現実が来たときに摑めるだけの修練を積んでいたらその未来は実現できる。

◇未来に実現していることを感じて宣言できることは実現する

♪帰ってきた原風景♪

ＮＨＫみんなのうたで私の歌が全国放送されたとき、嬉しくて報告に行きたかった場所がある。それは、母校の志井小学校だ。私の原風景で一番大好きだった場所である。ちょうど「遠い恋の物語」がオンエアされていた冬休み、１月５日に帰郷した際に母校を訪れた。変わらぬ景色が迎えてくれた。直接知っている先生はおられなかったが、冬休み中に学校でお仕事をされていた先生方が数名、歓迎してくれた。私は自分の活動を伝えて「遠い恋の物語」のＣＤを差し上げた。先生から、

「懐かしい校舎を見てらっしゃい」

と言ってもらえて、隅々に思い出が宿る校舎を歩いて回った。そこにいる人は変わっても、景色はほとんど変わっていなかった。教室に体育館、図書室に給食室、音楽室。校舎の匂いもあの日のままだ。廊下に貼られた子どもたちの絵や習字、ベランダに干された雑巾。窓の向こうではバスケットボールや野球に興じる子どもたち。そこで過ごした遠い日の自分たちを重ねて、思いを馳せた。

そのとき急に、大きな音で音楽が流れ出した。「遠い恋の物語」のイントロだった。

自分が作った歌が流れる中、思い出を散歩した。とても不思議でノスタルジックな時間だった。十数年ぶりに帰った私に、学校がお帰りを言ってくれているようだった。何者かになろうとして東京では傷つくこともあるが、もともと深く満たされた愛の中にいる自分に気がついた。そしてその

愛は常に自分の中に存在し続けていたことを思い出した。

職員室に戻ると先ほどの先生が、

「あんたへのお年玉よ」

と笑ってくれた。とても嬉しかった。

この景色、この人たちの心が、ずっと変わらないでいてほしいと思った。少子化とともになくなる小学校も多い。そこに住む人たちが街を、学校を守っているのだ。そこに子どもたちがいてくれることに感謝した。そして先生や親たちに改めて感謝した。

1月7日、東京へ戻る飛行機の中でこの体験を一曲の歌として書き上げた。「ふるさと」と名付けた。

そしてその歌がきっかけとなり、その年の3月、私は母校志井小学校にライブに呼んでもらった。思い出の体育館で子どもたちと歌った。子どもたちが「ふるさと」を歌ってくれた。

その後、多くの学校でのコンサートや講演に呼んでいただけるようになったが、これが最初の経験だった。

母校の志徳中学校に呼んでいただいた際には、卒業生に作文を書いてもらいそれを元に「大切な君へ」という歌を作った。卒業式では子どもたちが涙しながら歌ってくれるそうだ。

ふるさとを思い出すとき、その多くが学校での時間だった。悩むことも多かったが、私は学校が好きだったのだ。そしてそこで歌える活動を大切にしたい。子どもたちが自分らしい人生を歩んで

志井小学校140周年ライブ　現在、各地の学校でコンサートスタイルの講演を行なっている

夢を叶えていくヒントになったり、思春期の悩みが楽になるようなきっかけになるコンサートをやりたいと思った。少しずつ私の心がふるさとでの自分の役目に向いていった。

土台がある人は強い。ふるさとの歴史や風土、文化を知り、そこに住む人との関係性を築く。すると、ありのままの自分を自分自身が受け入れることができる。人間は社会的な生き物だ。自分が属する社会に承認されることを根底で望んでいる。つまり自分がふるさとや母国のために役に立てることを願っている存在なのだ。その意味で、学校や自治体などの地域コミュニティの中での自分の役割を担うことは結果的には自分の幸せな人生の実現につながる。

地域に根ざした寺社仏閣への参拝や祭りへの参加をする人は、そうでない人よりもパフォーマンスを発揮できるという統計結果もあるそうだ。地元への愛着が自分の軸を大地に根ざし、その結果高くまで伸びる幹となり大きな花を咲かせ遠くまで旅をする。

◇原点回帰　ふるさとに恩返しできる自分らしい役目を担う

「ふるさと」

作詞作曲　冨永裕輔

今も聞こえる　あの校歌　歌声重ねたあの校舎
今まで何人の先輩が　歌い継いできてくれたのだろう
稲穂ゆれてる　あの道を　いつかのように歩いてく
朝日に向かい　夕陽を背に受け　何度も歩いたあの道を
まるであの日の続きのように　帰ってきた僕をむかえてくれた
変わらないね　変わらないね　僕を育ててくれた学校
変わらないね　変わらないね　いつまでもいつまでも
広い校庭に響くチャイム　時間をつないでいくように

ボールを追いかける　その姿は　いつかの君と僕のよう
まるであの日の続きのようで　君の名前を呼んでみた

忘れないよ　忘れないよ　君と冒険した裏山
忘れないよ　忘れないよ　いつまでもいつまでも

変わらないで　変わらないで　僕を育ててくれたふるさと
変わらないで　変わらないで　いつまでもいつまでも
変わらないで　変わらないで　僕を育ててくれたふるさと
変わらないで　変わらないで　いつまでもいつまでも

今も聞こえるあの校歌　歌声重ねたあの校舎
これから何人の後輩が　歌い継いでいってくれるのだろう

♪新しい仕組み♪

プロデビューしてからも基本的には給料があるわけではなく、ＣＤ販売数に応じた印税は、アーティストに分配される金額はごく僅かで、とても生活できる収入にはならない。印税生活という言葉を聞くことがあるが、それはかなりの枚数が売れ続けて成り立つ話で、ＣＤが売れなくなった音楽業界においてはかなり不可能に近いものだ。

私もプロデビューしてからも生活のために相変わらず東京駅で駅弁販売のアルバイトを続けていた。このバイトは場所柄、時給がよかったことと、シフトが比較的柔軟だったために劇団員やミュージシャンやボクサーなど、多種多様な夢追い人も多く働いていた。

この駅弁屋は東京駅構内だけでなく新幹線ホームや、品川駅や新橋駅や新宿駅、遠いところでは川崎駅などにも店舗があり、毎回そのどこかの売店にて働くというスタイルだった。

朝の6時から売店に入ることもあり、遅いときは23時近くまで働いた。東京駅のめまぐるしい人波のなかで一日中働いていると、本当に目が回る。新幹線ホームの一人売店では発車間際にも長蛇の列となり、素早く渡さなくてはならない。随分鍛えられた。

直接的には音楽と関係がないようだが、そのような経験も今の自分に生きていると思っている。販売員という立場からさまざまな職業の人生を垣間見た。これから出張に行くサラリーマンの上司と部下の方は、お弁当にビールにちょっとしたおつまみを。同窓会だろうか、楽しそうに新幹線ですでに宴会モードの年配の団体さん。

東海道線のホームの売店では、これから熱海に旅行に行く親子の幸せそうな姿。

いつの日か自分にも訪れるかもしれないワンシーンに未来を重ねたり、自分が選ばなかった人生に思いを馳せながら、人間ドラマを眺めた。

仕事に慣れるまでは失敗や怒られることも多々あったが、袋詰めに手間取っていると、

「新人君かな？　がんばれ！」

と優しく声をかけてくれたお客さんもいた。どこにも必ず優しい人がいる。


フランス料理屋のウェイター兼皿洗い、テレフォンアポインター、24時間手作り弁当屋の深夜パートなどなど、あらゆるアルバイトをやりながらのライブ活動、創作活動の日々だった。大事なときに身体を壊してしまうこともあった。その結果、喉のケアにはより最善を尽くすようになったし、調子を落としたときの対処法を研究していった。

それでも生きていくためにはアルバイトをやらなくてはならない。音楽業界の人からは、アーティストの夢を応援しているのだからアーティストはお金がもらえなくて当たり前、ということを言われたこともある。

当然のようだが、果たしてそれが当然なのだろうか。

アーティストが歌を作り、アーティストが歌い、アーティストのファンがチケットやCDを買ってくれる。その人たちはアーティストが幸せであることを望んでいる。仕事の源泉はアーティストにあるのだが、その対価はアーティストになかなか届きにくい音楽業界の構造があった。がんばればがんばるほど、歌いに行けば行くほど赤字が増えるような状態だった。

この体験も必要なことだったので今はすべてに感謝している。ただ当時は、アーティストが食べていくことがほとんど不可能な構造に疑問を抱き、ではどういう構造が健全なのか、どうしたら音楽だけで食べていける仕組みを実現できるのかを考えるようになった。

いくら音楽よりアルバイトの比重が大きくなり本末転倒になっていても、アルバイトを辞めるという選択肢は選べずにいた。アルバイトを辞めたら収入が足りなくなり生活ができなくなる。頭で思考すると、未来の不安から人生を選んでしまう。そのときの私もずっとその繰り返しだった。

セールス上、目覚ましい結果を出せなかった私はレコード会社兼事務所を卒業することになる。

そして自分なりに今までの経験を生かしてライブを組んで創作をして活動をするようになった。今まで東京の音楽業界の只中にいた経験から、真似るべき点、改善すべき点など、感じていたことを自分なりに試行錯誤して手探りで実践してみた。あまりに多くの人が関わって無駄を感じていた部分は、どんどん自分一人で動いてみた。そうすると、意外と一人でもできることがたくさんあった。

ライブ会場とやり取りをして、ライブを決めて、宣伝をして、ライブを行なう。これに関しては一人でもできるということを体現できた。もちろん規模の大きいライブでは各パートのプロが必要になるが、まずは一人でどこまでできるかという、デビューした上での経験を加えてもう一度アマチュアの頃のようなやりがいを感じた。

そして有り難かったのは、自分が事務所に所属していようが一人だろうが、変わらずにライブに参加してくれたファンの方々だった。今でも変わらずに応援してくれているファンの皆さんが、アーティストを支えてくれている。そのファンの皆さんに良い作品や良いライブを還元していく、そのファンとアーティストの好循環が本来あるべき姿だと思う。そしてそれは音楽業界に限らず、今後ますます加速する形だと感じている。


一人でやれることを東京でさらに1年間いろいろとやってみたが、俯瞰してみると、デビューしてから同じサイクルを繰り返していることを感じた。曲を作り、ライブを決めて、チケットを売り、ライブを行なう。この先どれだけ続けてもこの状況が大きく変わることはイメージできなかった。旧態の音楽業界の構造のなかで、新人が頭を出すのはいよいよ不可能に近い状態になっていたし、音楽で食べられるのは宝くじに当たるようなわずかな確率というのが現実だった。

このままではそのうちに自分の音楽活動は終わってしまう。そう直感した。

もう一度自分の原点に立ち返り、自分が書きたい歌、自分にしかできない仕事をしなくてはならない。

◇旧来型の仕組みが合わなくなったら新しい仕組みを創造する

♪「ひまわりの花」誕生♪

自分が書くべき歌を求めていたとき、故郷北九州の歌を書く機会が訪れた。地元北九州の方々が応援してくれてコンサートを開催してくれることになり、そのコンサートで故郷北九州市の歌を書いて歌おうということになった。

これこそ、自分の原点を見つめ直す機会になる。

初めて、北九州市の歴史を深く調べて勉強した。何パターンも書いたが思い入れが強すぎてなかなかしっくり来ないまま、コンサートの日にちが近づいていた。

その日は夜遅くまで、故郷の歴史を調べていた。紫川は過去の大洪水の被害を二度と繰り返さないために、川が整備されて橋がかけられたことを知った。故郷がより良い市民生活の理想を実現するために、市民をリードしてくれていたことを初めて実感した。そのとき、東京で抱いていた孤独感が消えていった。故郷に大切に愛されていた一人だったのだと、安心感が広がった。だから自分らしい道を踏み出して大丈夫だという勇気が湧いた。感謝の気持ちとともに眠りに着いた。答えをいただきありがとうございますと心の中で伝えた。

翌朝、答えが舞い降りた。北九州市の市花のひまわりの花が浮かんできた。一斉に太陽を見上げるひまわりが、困難な時代に一斉に希望を見上げる多くの人々、同じ時代を生きる仲間たちの姿に

「ひまわりの花」を歌う（黒崎ひびしんホール大ホール　小・中学生の合唱団と共演）

重なった。

「ひまわりの花」のサビが浮かんだ。そこからは全体を一気に書き上げた。何カ月も悩みながら取り組んだ末、ついに最後には一気に完成した。

そして北九州市でのコンサートで披露。初めてなのに後半のサビからは大合唱してくれて、大きな拍手をいただいた。

そのコンサートの帰りに、NHK北九州放送局開局80周年事業で、ふるさとの歌〝きたきゅうのうた〟を募集していることを教えてもらった。

そのタイミングにもご縁を感じて、「ひまわりの花」で応募することにした。

東京に戻りレコーディングを行ない、締め切りぎりぎりで無事に間に合い、選考結果を待つことになった。2011年1月のことだった。

◇愛されている存在であることを知ると自分らしく踏み出す勇気が湧く

♪代わりのいる仕事やってんじゃねえ♪

それから数週間経ち2月の節分も迎え、気分一新リフレッシュしようと門前仲町のお寺で護摩業に参加した。

そして気分転換でそのまま東西線に乗り訪れた浦安で、衝撃的な出会いをする。

それは一際強烈なインパクトを放つ魚屋さんだった。いかついルックスと熱いハートの魚屋さんは、森田釣竿さんという名前でフィッシュロックバンド「漁港」を組んで、魚食をPRする活動をしている方だった。

音楽トークですぐに意気投合し、その日のうちに昼間から酒を酌み交わすことになった。

音楽で生きていきたいが生活のためにアルバイト中心の生活になっている現状を話したとき、釣竿さんは鋭い眼光で私を見つめ強烈な一言を返した。

「トミー、代わりのいる仕事やってんじゃねえよ」

ぐさっと胸に刺さった。

確かにアルバイトは私の代わりがいくらでもいた。

しかし、歌を書き私の魂を歌う私の代わりは世界中どこにもいないのだ。

私は吹っ切れた。

何の収入のあてもなかったし貯金すらなかったが、アルバイトを辞めることを決めた。そして音楽で食べていくことを、自分自身に決めたのである。


その瞬間、私の携帯が鳴った。０９３からの北九州市の市外局番だった。

電話に出るとＮＨＫ北九州放送局からだった。「ひまわりの花」が一次選考を通過したという連絡だった。そして二次選考のために北九州に来られますかという確認を受けた。もう私のスケジュールは私が音楽活動を優先して、私自身で決められる。

私は二次選考参加の旨を即答した。

このとき私の人生が再び動き出した。

知らず知らずに染み付いてしまった左脳主導の人生選択。こうなったらどうしよう、ああならないためにこうしよう。そうして選択すると、不安はずっとついてくるし、魂が満足する結果にはならない。常識に縛られて選ぶ道は万人が選ぶ道であり、私だけの、あなただけの人生を生きる道ではない。

知らず知らずに競争率の高い、みんながいくだれかの道を歩んでしまいがちなのだ。たくさんのライバルと競い自分ではない誰かになるために必死になる道は、それだけで疲弊してしまう。

誰かの代わりではなく、自分の本物になれば良いだけだ。何よりシンプルな選択だ。自分の道を歩む限りライバルは自分自身だけ。自分の弱さを克服して成長するだけだ。

人の数だけ答えがあり、同じ答えは世界中どこにもない。ただ自分を目一杯生きるだけでいいのだ。そうすれば自分に必要な変化が訪れる。

右脳、直感、心、魂で選択、決断すると人生に追い風が吹く。自分の人生を生きられる扉が開く。

そのためには、恐れではなく、ワクワクすることを目印にして道を決めること。ワクワクに敏感になるためにはハートを開いていなくてはならない。

子どもの頃の自分を思い出し、その気持ちで今を生きてみると、自分の心が求める道が見えてくる。あとは、進むと決めて変化を受け入れるだけだ。恐れで選んだ道はさらなる恐れを連れてきて、ワクワクで選んだ道はさらなるワクワクを連れてくる。

後日、アルバイト最後の日、長年お世話になった感謝を込めて駅弁を売り、売店を掃除した。お世話になった社員さんたち、バイト仲間たちに別れを告げた。皆応援の言葉をかけてくれた。そして、晴れやかな気持ちで東京駅を後にした。

それから人生のスピードが加速した。

◇代わりのいない自分らしい人生を歩む

♪拠点を九州へ♪

「ひまわりの花」の制作を通して自分本来の世界観の楽曲にとことん向き合うなかで、拠点を九州に移すことを決めていった。2011年2月のことだった。

東京でプロデビューし、事務所を離れてからも自分なりにやれる限りのことを試したうえで、次なる舞台は自分を育ててくれた九州にあると感じていた。そしてその向こうにはアジア、世界への道も見つめていた。

東京から九州へ拠点を移すという選択を、音楽を辞めるとか、負けだとか、片寄った解釈で誤

東京新橋ヤクルトホールソロ公演　満席の会場でフルバンドとストリングスをバックに歌う

解されることも多々あったが、私は音楽を続けるために、さらに活動を拡大するために自然な道筋に思えて決断した。東京の音楽業界のヒエラルキーの中では頭一つ出すのが難しいのであれば、九州一の歌手となり東京に呼ばれ東京と肩を並べられるようになったらいいだけだ。

東京にいることにこだわるのも自分のエゴであり、東京には必要なときに来たらいい。どこにいるかに縛られるのではなく、自分が何者であるかのより強い歌を発信すれば東京での活動も結果的には大きくなるだろう、と感じていた。

このとき感じたことは後に実現し、東京を拠点にしていたときは不可能だったワンマンホールコンサート（２０１３年夏・野方区民ホール、２０１４年春・新橋ヤクルトホールともにフルストリングスとバックバンドが付いての盛大な内容）も満席で開催することができ、２０１７年夏には、渋谷のＮＨ

Kから全国放送の番組にて、このときの決断を話すことになる。番組司会者から、

「本当に実現して東京に帰ってきましたね！」

と言ってもらい、九州に拠点を移すときに心配してくれていた方々には、この放送を聴いて涙してくれた方もいたそうだ。

応援してくれる方々に応えるためには、良い作品を生み続けて、ライブをやり続けることが何よりのファンサービスだと思っている。

あのとき拠点を移さなければ今頃は音楽活動が縮小していたか、終わっていたかもしれない。そうなれば二度とライブを見てもらったり新曲を聴いてもらうことはできない。

今年でデビュー10周年を迎えて、毎年1枚のアルバムをリリースし続けてアルバムは11枚目になる。ライブも毎月行なっているし、東京でも定期的にライブ活動をしている。また、メディア出演や自分のレギュラー番組も複数持っているいま、毎週全国のみなさんとつながる場を持てている。活動休止をせずに発信し続けてきたこと。それが自分の誇りであり、ファンを大切にするということだと自負している。

◇山の頂上を目指すときいくつものアプローチがある

♪今日の日に感謝して♪

ＮＨＫ北九州放送局の二次コンテストが、２０１１年3月12日に決まった。

じつは3月11日に東京でのライブハウスでのライブ出演が決まっていたが、このコンテストに運命を感じていた私は事情を伝えて出演を辞退した。余裕を持って3月10日に福岡入りした。

そして3月11日、東日本大震災が発生。

このことがいよいよ、人生を生きられる意味を考えさせた。人生はいつ何があるかわからない。当たり前の日常などない。今日という日は、誰かが生きたくても生きられなかった一日かもしれない。ますます自分をしっかり生き切らねばと思った。後ろを振り返る暇はない、ひたすら今を生きて前進し続けようと思った。

震災の影響でコンテストは延期となった。

東京の自宅に戻ると、家のなかがめちゃくちゃになっていた。冷蔵庫の扉が開き中のものが溢れ、電子ピアノも倒れていた。

散らかった荷物を整理し、月末に決まっていた引っ越しの準備を進め拠点を九州に移した。

拠点を移すといってもやはり経済的な負担が発生する。収入も貯金もないわけだから、引っ越し資金のあてもなかった。

九州でのご縁があり、延岡と鹿児島でライブを行なえることになった。不思議なことにそのライブ収益がちょうど引っ越し資金と同じ額になった。

こうして拠点を移すことができた。

資金ゼロからの再出発だったが、私が浦安で決めたようにそれ以降は一度もアルバイトをすることなく音楽で食べられるようになり今に至る。

東京のときより支出が減ったからではないかと思われるかもしれないが、実は支出自体は大きく増えている。自分で全ての活動をするようになったためだ。しかしその分、自分に返ってくる収入も増えたため、ついにようやく音楽を仕事にすることができたのだった。

このことを東京でお世話になった音楽業界の方々に伝えたことがある。お陰様で音楽で食べられるようになった感謝を伝えるためだった。

皆、一様に驚いていた。音楽で食べられるということが、もはや想像すらつかない様子だった。夢では食えない。そう思い込み、夢を諦める言い訳にする風潮もあったし、多くのひとが古くからの体制を変えることを嫌がっていた。

しかしあるべき姿と違うと思えば、自分が信じる形を実現していけばいいのだ。

夢を追いかけて実現することで、本人も周りもより幸せになれる構造がまだまだあり得ると思う。一歩先の新しい未来の風を感じて、そこに適応する新しい仕組みを作っていけばいい。

次の世代が夢を実現して幸せになれるように、自分の九州での活動には意味があると信じて九州編がスタートした。

◇人生はいつ何があるかわからない　当たり前の日常などない　自分が信じる夢を実現することで、本人も周りも幸せになれる

Part 3

【The Catch!】新しい瞬間を

福岡ヤフオク！ドームにて国歌独唱　優勝請負人国歌独唱として話題となる

『すずなり～ 10th Anniversary ～』のジャケット　10 周年の集大成のアルバムが完成した

劇団青春座「若戸大橋物語」「戸畑祇園ヨイトサ！」ポスター　主題歌を作曲

1　いざ九州へ

♪無冠の帝王返上♪

九州に拠点を移す際、3カ年計画、5カ年計画で、北九州、福岡、九州で活躍し、海外に活動の場を広げ、九州を代表する歌手として東京と肩を並べる、というビジョンを目標として持った。

九州は育った場所だといっても、歌手としての自分を知るひとは多くなかった。再出発でもやはりまずは知ってもらうことが必要となった。

売り込み、営業も厭わず行なった。今まではプロダクションの人がやってくれていたようなことを、どんどん自分でやった。自分を知ってもらうために有効なのは、やはり自分が作った楽曲や、歌声だ。そこがどこだろうが自己紹介でアカペラで歌うこともたくさんあった。

そうして九州での活動がスタートしていた頃、延期されていたNHK北九州放送局きたきゅうのうたの二次コンテストの開催が正式に決まった。

2011年6月4日。場所は北九州ソレイユホールだった。

100を超える応募のなか、一次選考を通過した7組がこの日の公開テレビ収録を兼ねた最終コンテストライブに挑むことになった。

会場には2000人のお客さんが詰め掛けた。

私の出番がやってきた。

ピアノ弾き語りで、炭鉱節のイントロから「ひまわりの花」を歌い終えると、会場いっぱいのお客さんからそれまで経験したことがないほどの大きな拍手が返ってきた。

そして審査結果のときがやってきた。

審査結果が発表されるまでの数秒間、私はとても晴れやかな気持ちで天井を見上げていた。審査は人に選ばれるものだが、自分は自分らしい表現ができたことに満足感を得ていた。あとは、出た結果がどうであれそれを受け入れようと思っていた。

そのとき、

「優勝はひまわりの花を歌った冨永裕輔さんです！」

アナウンスとともに私にスポットが当たった。

人生で初めてのトロフィーをいただいた。それが地元北九州での歌のトロフィーだったのが、自分らしいなと思った。

このとき皆さんからいただいた祝福の拍手、音楽の神様からのご褒美と期待、それらはいよいよ自分らしく突き進む気持ちを後押ししてくれた。

精力的に自分らしい楽曲の制作に没頭した。寝食を忘れるほど集中して仕事をした。集中力は実現力そのものでもある。この頃から曲作りのスピードが速くなった。環境的にも自然からインスピレーションをもらう私にとっては、九州の風土が力になってくれた。今までの何倍ものペースで歌が浮かんできた。

自分が自分のために書いた一方通行の歌では、歌のパワーが弱いことにも気づいた。「ひまわりの花」も、ふるさとを命懸けで作ってくれた人たちへの畏敬の念がベースにある。北九州地方であれば炭鉱で命を落とした人たちも多くいた。そこに住み、そこで働き生きた人たちが、今の私たちの生きる大地を、ふるさとを、時代を引き継いでくれている。そのたすきをまた次の世代に引き継ぐことが今を生きる私たちの主たる役目ではないだろうか。より良い時代を引き継ぐために私たちには必要なことがある。

自己満足ではなく根元的に人間の救いとなり、それぞれに本来の姿で幸せに生きられるようなメッセージを込めた。自分の魂から聴き手の魂へ届く意味ある歌、価値ある歌を自分自身に常に求めた。その結果、今までより格段に多くの人に歌が届き歌われるようになっていった。

◇より良い時代を次の世代に引き継ぐ使命感が実現力を生む

♪シンプルイズベスト♪

「ひまわりの花」の大賞受賞とその後の広がりで感じたことがある。それは、シンプルイズベストという基本概念である。歌を作るということは強い思いがあるわけで、ついつい歌詞が込み入ってしまったり、ともすれば重たくもなりがちである。しかし、それでは自己満足の作品になってしまいなかなか多くの人には広がりにくい。というのは歌を聴いてくれた人がまた違う人に伝えてくれたり、ときには歌ってくれたりして歌は広まっていくと思うが、そのときに複雑すぎたら伝えられる人や受け取れる人を選んでしまうのだ。シンプルなものほど広がりやすい。強い思いがありながらそれをシンプルなものとして完成させられたものは広がり、そして残る。「ひまわりの花」もサビはとてもシンプルだ。それ以降の楽曲は、極力シンプルな形に完成させることを忘れないようにして、今まで以上に広がり歌ってもらえるようになった。キーに関しても、自分の得意な高音に合わせて作ることも大事ではあるが、多くの人が歌いやすいキーという観点もやはり大事である。

世の中の複雑な出来事を、誰にでも理解できるシンプルな形に置き換えて説明できたり届けたりできる能力は、夢を実現する能力になる。

多くのひとが参加する大会や記念イベントのテーマソングやイメージソングを作らせていただくようになった。最初はこちらからアプローチして実績を積み上げた。その実績が知られるようになると、楽曲制作依頼をいただけるようになった。

また、「ひまわりの花」のテレビ出演の影響もあり、北九州各地の学校や市民センター、イベントなどに出演依頼をいただけるようになった。ちょうど北九州市制50周年とも重なり、多くのイベントが開催され「ひまわりの花」を歌った。

こうしてライブ出演と楽曲制作によって収入も得られるようになった。

今までの常識から抜け出すと、音楽というのは実はあらゆる形でちゃんと仕事にもなり得ることがわかった。

大切なのは自分の価値を示すこと。その特徴や価値を提示してもらえないと人はその商品を買うことはできない。そのためにはまずは自分が自分の価値を信じること。そして絶えず自分を磨くことで、新たな価値を創出し続けることができる。

今までは頭を下げてお願いして歌わせてもらうのが当たり前だったが、求められて歌える幸せ、求められて作れる幸せ、そしてそれを届けたら幸せになってもらえるという、幸せ×幸せの相乗効果、好循環を体現できるようになった。

◇自分の価値をわかりやすく提示する

毎年、自分のプロフィールに新たな楽曲やライブの実績が増えていった。これは東京で活動していたときにはあり得ないことだった。そのうち東京の音楽業界からも、どうしてそんな活動ができているのかと質問されるようになっていった。

2　全国各地、そして世界へ

♪そして世界へ♪

最初は何の実績もなかった。それでも仕事を与えてもらえるということは奇跡的なことだと思うし、仕事を与えてくれる側にもリスクがあり選んでくれたことに感謝すべきである。そうやって選んでもらった一回一回の仕事で期待を裏切らない、できれば期待以上の仕事で応える。それが仕事を与えてくれた相手への何よりのお返しになる。人の顔に泥を塗ってはいけない。まずは、思いに応えたいという気持ちが大切である。だから結果がついてくる。そしてそうやって役目を果たすと、仕事が単発にならない。また一緒に仕事をしたいと思われるようになる。すると、来月もとか、来年もといったふうにレギュラー仕事になっていく。レギュラー仕事が続くということは、信頼の証である。お金というものも、信頼の数であり大きさとも言える。お金持ちということは、それだけ多くの人から信頼されているということだとも言えるだろう。

実績を積むと、行政からも信頼していただけるようになった。福岡県庁からアジア交流イベントの出演依頼をいただき、福岡県アジア交流イメージソング「亜細亜の夢追い人」を書き上げた。そして中国南京でのライブや、福岡を訪れるベトナムやタイの代表者たちを迎えるステージを任されるようになった。

また韓国の慶州さくらマラソンのテーマソングを書かせていただき、韓国ライブを行なった。

アジアでの音楽活動という目標を実現することができた。その際に大切にしていたのは、自分のためではなく、国際交流、国際協力、相互理解につながる音楽をということだった。今でも世界では紛争や核の脅威があるなか、違いを乗り越えてやがては世界がひとつになることをイメージして歌に込めた。訪れる国の言葉を暗記して、その国の人が喜ぶ現地の歌のカバーも行なった。ベトナム語の「Beo Dat May Troi」を4番まで暗記して披露したときには、ベトナムの皆様がステージに上がりともに大合唱してくれた。

心と心で深く見つめあえば、私たちはお互いに理解し尊重できる。この思いで書いた「見つめあうだけで」という曲は、鹿児島のＭＢＣ南日本放送開局60周年テーマ曲となった。また、その基本は身近な家族かもしれない。身近な他者である家族を大切にする一歩が、やがて地球という一つの家に住む、人類だけではなく動物や自然も含めた世界中の家族との共存共生につながるのではないだろうか。家族をテーマに書いた「家族びより」はＲＫＢ毎日放送開局65周年主題歌となった。大きな時代の流れに沿ったメッセージは届くのである。それに反したものは長続きはしない。世界にとって、地球にとって、宇宙にとって有益なものには根源的な愛のメッセージが込められている。

それを生み出し、引き継ぎ、拡散していきたい。
世界がひとつになることに貢献する音楽活動ということは、人生をかけて実現していきたいことなので時間がかかるかもしれない。毎回のステージをその気持ちで行なうことで、いつの日かそれも実現できると信じている。

◇一回一回の仕事で信頼を得られればレギュラー仕事になっていく

「亜細亜の夢追い人」　～福岡県アジア交流イメージソング～

作詞作曲　冨永裕輔

蜩の声を聞きながら
苔むした石垣を登り
玄海に浮かぶ志賀島を見る
遠く響く波音　繋ぐ物語

亜細亜の夢追い人は　あの日も海峡を渡り
揺れる船の上で何を見たのか
命を懸けてゆく時　雲間に射し込む光
浪漫に生きろとあなたが言う

鶯の声を聞いたのは
実りゆく紫の平野
変化と創造 繰り返した先
1300頁が繋ぐ物語

亜細亜の夢追い人は あの日も大地を渡り
暮れる峰の先に何を見たのか
命を懸けてゆく時 高鳴る心に光
浪漫に生きろとあなたが言う

亜細亜の夢追い人よ 来る日も見上げた空に
今こそ飛び立て友が待つ場所
祈りを越えてゆく時 闇夜に一筋の光
浪漫に生きたいあなたのように

亜細亜の夜明けを告げる旅に出る

♪アメリカから東北へ愛を送る♪

アジアでの活動が広がったのち、アメリカでの初ステージが決まった。

きっかけは、福岡の病院慰問ライブを行なっていたときのことだ。偶然にもロサンゼルスから友人のお見舞いに来ていた方が、私が歌う「ひまわりの花」を聴いてくれた。

歌い終わると、

「ロサンゼルスに歌いに来てくれませんか?」

と声をかけてくれたのだ。

じつはその方はロサンゼルス在住で岩手県の出身ということで、偶然にも里帰り中に東日本大震災に遭い、津波のなか屋根の上で数日を過ごしてなんとか生き延びたという方だった。そのときのことは、全米のテレビ番組でも紹介されたそうだ。

その方が主導で、東日本大震災追悼集会「LOVE TO NIPPON」をロサンゼルス市警察本部オーディトリアムホールで開催するということだった。私はそこで日本を代表して「ひまわりの花」を歌わせていただくことになった。

九州に拠点を移して2年後の3月。ついにアメリカの舞台に私は立っていた。

初めてのアメリカ、初めてのロサンゼルス。

その舞台で「ひまわりの花」を歌ったとき、歌詞の意味も分からないはずなのにひまわりの花を振ってくれて、歌い終わると大きな拍手とともにスタンディングオベーションが起きた。前方から一人、また一人と立ち上がり最後には全員が立ち上がるあの光景は壮観だった。

「人生初のロサンゼルス、そして人生初のスタンディングオベーション！」

とアメリカンジョーク風に英語で返してみたら、アメリカの皆さんがウケてくれた（笑）。

ちょうど誕生日が近かった私に、アメリカのレストランの店員さんがハッピーバースデーを歌ってくれた。アメリカでの経験によりまた新しく生まれたことを、天から祝われているように感じた。旅先から自分の自宅に手紙を出すとラッキーアイテムになると聞いたことがある。きっと、旅先では日常から離れて自分の心の声が聴こえやすいのかもしれない。そのとき感じたことを日常にいる自分に送れば、その気持ちで生きられるのではないだろうか。

幸運な体験ができたアメリカの西海岸から、日本の自宅へ自分に宛てて手紙を書いた。

「Finally you got it. Happy brand new birthday.（ついにやったな。新しい誕生におめでとう）」

と。

アメリカではグランドキャニオンなども観光した。ラスベガスではセリーヌ・ディオンのショーを観て本場のショーを学んだ。大人になってからの修学旅行といった感じだ。

ロサンゼルス市警察本部オーディトリアムホール　東日本大震災追悼集会「LOVE TO NIPPON」　日本を代表して「ひまわりの花」を歌唱、満員のスタンディングオベーションを受ける

グランドキャニオンのガイドさんに言われた言葉が印象深く残っている。

「何万年という時間で自然が成したのがグランドキャニオン。私たち人間はたった数十年の人生でなにができる？　無駄に過ごしている暇はない。“No time to spend”」

国内でも東日本大震災復興へのチャリティーイベントや、東北の仮設住宅や病院への慰問ライブを行なわせていただいた。震災後に海岸を車で走っているときに、「ひまわりの花」がラジオから流れてきて涙を流したと話してくれた方もいた。

岩手では、偶然にも大学3年のときに私が初めてソロで歌ったプラザイン水沢にも滞在する機会があった。あの日歌った会場を覗いてみた。とても広く見えていた会場が、今は少しだけ違って見えた。

◇無駄に過ごす時間はない

♪スポンサーを探して自分の番組を持つ♪

メディアといえば、出させてもらうというのが自分のなかでも常識になっていたが、それでは大きなニュースがあるときのキャンペーンのみになる。

ここにも新たな切り口が浮かぶ。

自分のメディアを持てばいいのである。

アメリカから帰国し、いよいよ東京で初となるワンマンホールコンサートが決まっていた最中、福岡は天神大名に新たにラジオ局が開局することを知った。

時代は変わりラジオはスマホやパソコンで全国から聴けるようになった。東京のコンサートの宣伝に東京の番組に出るということももちろん間違いではないが、それだけが正解ではなくなっていたのだ。東京のコンサートを福岡のラジオから宣伝して、それを聴いた関東の方が東京のコンサートに来てくれる。そんな図式も成り立つ時代になった。いよいよ群雄割拠、地方分権の時代になった。その人が魅力あるなにかを発信すれば、どこにいてもどこかにいるだれかがそれをキャッチしてくれる。魅力があるかというのは、その人がその人を生きているかということだと思う。その人がその人を生きれば生きるほど、唯一無二になっていく。誰しもがもともと唯一無二の価値を持っているのだ。そこでしか食べられない最高に美味しいパンがあれば、山奥にあるお店でもファンは食べに行くだろう。実際にそういうお店も全国各地に増えている。必ずしも大規模チェーンが強いとは限らない。必ず特性や強みがだれにでもあり、それを活かせばいいのである。またそのときは、需要と供給の感覚も大切かもしれない。自分が無理なく与えられる量と求めてもらえる量。そのバランスが成り立っているサービスは続けられる。

さて、自分のメディアを持つ、自分の番組を持つためにはなにが必要か。

そのためにはまずメディアの仕組みを理解する必要がある。どんな番組でもスポンサーがお金を出して番組は成り立っている。そして放送局自体も基本的にはスポンサーからの広告やCM料で存続できている。魅力的な番組であればたくさんの人の目や耳に触れるため、スポンサーもCMを流す効果が高い。そうやって人気がある番組は継続し、人気がなくなればスポンサーが撤退して番組が終わることになる。

よくレコード会社の新人がデビューに際して番組を持つことがある。これはレコード会社がその枠を買っているために番組を持たせてもらえるが、芽が出なければ3カ月などのワンクールで番組は終わってまた次の新人の番組となる。

私の場合は無所属で独立しているため枠をもらうことはできない。となると、スポンサーを自分で見つけて番組を持つしかないわけである。

幸い、東京でのコンサートを応援してくれた東京のコンサートプロデューサーがはじめの放送料を支援してくださり、晴れて自分の番組がスタートした。Community Radio Tenjin「Yusuke Tominaga"Now is the time"」は2017年7月で4周年を迎えた。東京コンサート以降も福岡のスポンサーさんに応援していただき、毎週の生放送は最新の活動を報告できる私と全国のリスナーを結ぶ大切なホームになっている。


また、高校生の頃に私に夢をくれたcross fmでも番組を持てるチャンスがやってきた。ここでもやはりスポンサーに応援してもらえれば番組を持つことができるということになったのだ。

私は九州に拠点を移してから、自分の音楽活動を知ってもらうため社交界にも積極的に参加した。一人でどんどん飛び込んでいき歌を聴いてもらい、経済界でも九州に拠点を置きアジアや全国で活躍する企業の社長さんや会長さんに応援してもらえるようになっていた。私の歌は人生の深淵な意味を自問自答しながらその答えを毎回歌詞に込めて作り歌ってきたためか、そのような方々からも、

「最近の歌には珍しく歌詞が届いてくる」

と歌を気に入っていただいていた。

応援していただいていた地元企業の方々に、ラジオ番組のお話をしてスポンサーのお願いをして回った。

cross fm　COMI × TENの２局で毎週冠レギュラー番組を担当している

そして最大10社ほどのスポンサーが応援してくださり、cross fm『冨永裕輔のなんでもゆーすけ！』が２０１５年春にスタート、夏には30分枠から土曜のお昼11時からという人気の時間帯に1時間枠に拡大して現在に至っている。

この番組には、私の東京でのスタートを応援してくれたゴスペラーズや平原綾香さんなど、いつか恩返ししたかった方たちを招いてキャンペーンを応援することもできた。

ゴスペラーズの黒沢さんは、

「裕輔の番組に出られる日が来るとは」

と目を細めた。

スポンサーのお願いにしてもそうだしすべてのことに言えるが、表に現れるのは成功した部分かもしれないが、その裏ではその何倍も失敗したり思うような結果が得られないことがたくさんある。

スポンサーだって、断られるのが当たり前なくらい難しいことだった。

しかし、価値ある自己表現があるのならそれを信じて伝えて心からの誠意でお願いしたら、必ず共鳴してくれる人と出会える。

諦めたらそこで終わるが進み続ければ終わりは来ない。必ずその道には続きがある。

こうして、ラジオパーソナリティーという高校生のときからの夢を実現することができた。

◇誠意を持った強い思いは人を動かす力になる

♪学力向上ソングの依頼?♪

学校での講演やコンサートの機会が増えていた頃、北九州市教育委員会からある相談をいただいた。

「子どもたちの学力が向上する歌」という依頼であった。

全国的な学力テストの結果、北九州市の子どもたちの成績がその当時思わしくなかったようだ。

直接的に学力を向上させるということであれば、例えば数字の歌や歴史を覚えるような歌があり得るかもしれない。しかし、局所的な対策では根本的な解決にはならないし、短期的に学力が向上することは本当の目的ではないと感じた。勉強に取り組む意味が分かれば、自ら進んで勉強に向かうようになる。自分自身を振り返っても勉強することの意味を見失っていたときは成績も落ち込んでいた。そしてそんなときに「勉強しなさい」と言われても、ますます勉強嫌いになるだけだった。事を起こし成すために大切なのは自分の内側から湧き出る欲求である。そして勉強をしたいと思うには自分には勉強が必要だと自覚することが必要だ。勉強をする意味を気づかせてくれるのも、夢の力だと思う。勉強して自分を深く耕すことは夢を実現する力になる。

夢を持つと未来が輝く。未来が輝くと今日が輝きだす。未来は今日のなかに同時に存在している。そして今日が輝くと、輝く今日につながる過去も輝く。たとえ後悔している過去があったとしても、輝く今日につながるためだったと思えた時に肯定できる。現在この瞬間に未来も過去も同時に存在しているようだ。そして互いに影響を与え合っているように思う。だからこそ未来に夢を持てる歌というのが、結果的には根源的で永続的な本当の学力向上ソングになるという答えに達した。

将来が漠然としていては今日という日も漠然としてしまう。まずは幸せな自分の未来をより具体的に想像してもらうことから始めたらいいと思う。胸がワクワクするのはどんな未来か。こうなりたいという気持ちが原動力になる。そこに続く今日を生きる。自ずと胸をときめかせて、何かに打ち込むと思う。遅かれ早かれ勉強が必要だと気づくのであれば、学生のときに存分に勉学に励むことはその後の人生にとても有意義なことだ。

♪好きなことが仕事になる理論♪

好きなことでは食べていけないという人もいるかもしれない。しかしそうとも言い切れない。いやむしろ、好きなことを仕事にできる理論があると思う。

好きなことは頼まれなくても時間をかけられる。そのうちにスキルが磨かれていく。それは好きなことをしているときに自分が幸せだからだ。そしてその好きなことで人を喜ばせられたとき、つまり人の幸せに貢献できたとき、その好きなことは人に求められるようになるだろう。ここに、自分が幸せで他者も幸せという関係が成り立つ。幸せにできる人が増えていったとき、求めてくれる人が増えたとき、それはもはや仕事になるだろう。それはある人には料理を作ってあげることかもしれない。絵を描くことかもしれない。お掃除のプロかもしれない。スポーツで活躍する姿を見せて爽やかな気持ちにさせてあげることかもしれない。いずれにしても、自分が幸せになれることは長く続けられるし、それでたくさんの人を幸せにできたらずっとなくならないあなたにしかできない仕事になる。代わりのいない仕事は誰にでも見つけることができる。中には早くにそれが見つかる人もいるかもしれないが、多くの人はそれを見つけるまでに自分は何が好きなのか、何が向いているのかをたくさん失敗もしながら経験を積んで見出していくだろう。これからの時代はますます、それぞれが自分らしさで活躍する時代になっていくと思う。
◇**自分も幸せで他者も幸せにできる自分にしかできない代わりがいないことを見つける**

♪コンプレックスを大切にする♪

得た知識で頭でっかちになってはならない。実践してこそ知識は初めて自分のものとなる。知識が行動の妨げになっては本末転倒である。そして、頭と心では心のほうがリーダーでなくてはならない。そうすれば得た知識で人を傷つけることなく、人を幸せにできる。その結果、自分の人生もより豊かになる。

根性論だけでは通用しない時代になっている。時代も変わっているのだから、大人も変わらなくては今の子ども達に届かない一方通行の指導になってしまう。それではお互いに不幸だ。お互いに変わり続ける努力を続けてこそ、変わらずに良い影響を与え続ける関係が成り立つのだと思う。それは家族や教育現場でも同じだと思う。

学生に届く歌を書くためには、自分も学生であったときの気持ちを見つめ直す作業から行なった。自分らしさというものが分からなくて、自分は何になればいいのか、何をやりたいのか、何のために生まれてきたのか、人と比べてみてもますます自分を見失うばかりで答えはどこにも見つからなかった。焦ったり背伸びしたりしながら迷路のような日々を手探りで進んだ10代だった。本当に価値あるものは一人ひとりがそれぞれに生まれ持った自分らしさだということが、今なら分かる。他者と比べて自分らしさを置き去りにして不安になったりせず、安心感を持って自分らしさを大切に人生を歩んでいってほしい。悩みも失敗も挫折も心配することは何もない。必ずきみの人生はきみの行きつくべきところにたどり着けるものなのだというメッセージを伝えたかった。

学校現場には学力のことだけではなく、いじめや自殺といった問題も依然横たわっている。他者を傷つけることも自分を傷つけることも、自分らしさを失ってしまっているが故の結果だと思う。

そこには愛の欠如が起因しているのかもしれない。大人や社会に大切にされていないと感じての反骨心や不信感もあるかもしれない。見守られていること、信じられていること、愛されていることを伝えたかった。

自分を大切にしている人は他者も大切にできる。夢に向かって歩む人は他者も応援できる。人の成功や幸せを心から祝える人は、やがて人から祝われることになるだろう。

ある学校でコンサートを行なったあとの質疑応答コーナーで質問を受けたことがある。自分は自然に笑顔になれないというコンプレックスを感じているから、どうしたら自然に笑顔になれますかという質問だった。そのとき私が笑顔だったのは大好きな歌を歌っているところだったからだ。なにかを無理しているときなら自然に笑えていないと思う。そして、若い頃からコンプレックスがあるということは非常に素晴らしいことだと思った。若くして自分を見つめているということだからだ。コンプレックスが自分を育ててくれる面もある。若くしてうまくいきすぎて自分を省みなければ、そのあとの人生で大きな苦労も経験することになるだろう。成功して得ることよりも高慢になって失うもののほうが大きい。自分を見つめる謙虚さはやがて大きな実りを人生にもたらすだろう。

すでに私に質問をするときの恥ずかしそうな笑顔が素敵だったことを伝えたら、もっと自然に素敵な笑顔を見せてくれた。

自分らしさというのは、そんな些細なことから見つかっていくものだと思う。コンプレックスの隣にある自分らしい笑顔が、誰かを幸せにしているかもしれない。元気に挨拶をすることが自分らしい生き方かもしれない。好きなこと、得意なこと、悩みの末につかんだ自分らしさは生涯自分の道を照らし、また他者の人生を照らす光になるだろう。暗闇のなかのほうが光は強く感じられる。悩みのなかにあるときこそ、自分らしさという生涯の宝物に出会えるチャンスだ。

◇自分を大切にしている人は他者も大切にできる

♪メイク・ア・ウィッシュオブジャパン♪

学校とは違う場所でも、子ども達の人生に触れる機会があった。難病と闘う子ども達の病棟に歌いに行かせてもらった経験や、難病と闘う子ども達の夢を応援するメイク・ア・ウィッシュオブジャパンのチャリティコンサートに参加させてもらった。あるとき、難病と闘う少年の弁論を聞かせてもらう機会があった。サッカーが大好きだった少年は、難病を患い大好きなサッカーを続けることが難しくなった。それでも希望をなくさずに病気と闘っていた。そんな彼が弁論中に言葉が詰まり喋れなくなってしまった。自分の境遇やこれからへの思いを話しながら、感極まってしまったのだ。なんで自分がという思いと、そこから病気と闘うことを決意した気持ち、そして支えてくれる周りへの感謝をなんとか言葉にしていた。

そのときに彼が見せてくれた生きる姿も、歌詞の中に生きている。

「言葉にできなくて溢れ出した涙は強さになる」

私はその一度きりしかその少年に会ってはいないが、そのときの感動が歌詞になったことをメイク・ア・ウィッシュオブジャパンのスタッフの方に伝えさせてもらった。

それから数年後、彼がその後、懸命な闘病の果てに亡くなられたということを伝え聞いた。

私はこのフレーズを歌うたびに、懸命に生きた勇敢な少年の勇気を思い起こす。私も勇気を持って生きたいと思う。そして子ども達のそれぞれの素直な夢が叶っていくことを願って、「明日への翼」という歌が完成した。

学力向上ソングというきっかけで生まれた歌だったが、ちょうど18年ぶりに改定されるタイミングというご縁もあり、光栄なことに北九州市の小中学校で使われる人権道徳の教材『新版いのち』に掲載されることとなった。

その後、「明日への翼」は合唱曲として多くの子ども達に歌ってもらえるようになった。合唱団のみなさんとの共演の機会も増えた。先生方の熱心な指導、子ども達を思うまっすぐな気持ちにも触れさせていただく機会を得た。そんななかで、合唱をテーマに子ども達の言葉を元に書き下ろしたのが「Sing With You」だ。子ども達の心の輝きにリスペクトを持って、その輝きを大切に育てられる一員でありたいと思う。

さらに小さな子ども達が主役の歌を、北九州市私立幼稚園連盟創立60周年記念ソングとして依頼をいただいた。それぞれに人格の違う子ども達のありのままを肯定して尊重できて、みんなで踊り出せるような歌「Na－Na－Na ナチュラル」を書かせていただいた。

「明日への翼」　北九州市人権教育教材集〝新版いのち〟掲載曲

作詞作曲　冨永裕輔

一人ぼっちで　風に吹かれた放課後
〝自分らしさ〟を初めて　心に問いかけた
他の誰かと　比べても分からなくて
夢や明日を探して　この道　歩き出した

そうさ　僕も君と同じように　あの日の旅の途中　Keep on believing

You can fly ありのままで　宝物は　君の心に咲く花
You can bright あせらないで　君の空に　高く太陽が昇るから

やがて 大切な人の笑顔　守るため
〝自分らしさ〟がいつでも　勇気をくれるから

他の誰かの〝ありがとう〟に　触れたとき
それが明日へと羽ばたく　翼に変わるんだ

言葉にできなくて溢れ出した涙は 強さになる　Keep on dreaming

You can try なくさないで　宝物は　君の真っ直ぐな瞳
You can bright おそれないで　君のそばに　いつも見守る愛がある

You can fly ありのままで　宝物は　君の心に咲く花
You can bright あせらないで　君の空に　高く太陽が昇るから

「Sing With You」

作詞作曲　冨永裕輔

ひとりの声じゃ届かなかった夢を
ぼくらはいま見てる

言葉にすれば分かり合えると
ともに歩き出すこの街

時に心がひび割れても　手を添え合えばきっとまた笑える

Sing うたを歌おう 心を合わせ　世界がひとつになるように
Smile 両手広げて　いま飛び立とう　世界に笑顔の花を咲かせよう

未来はずっと遠くにあると
きみと出逢うまで思っていた
未来は今日の中にあること
ともに生きるいまわかるよ

永遠に消えない宝物は　偽りのない心に芽生える

Sing うたを歌おう 心のままに　世界は響き合うハーモニー
Love 両手広げて　抱きしめ合える　世界に希望の声を届けよう

Sing うたを歌おう 心を合わせ 世界がひとつになってゆく
Smile 両手広げて いま飛び立とう 世界に笑顔の花を咲かせよう

作詞作曲　冨永裕輔

「Na－Na－Na ナチュラル」

Na－Na－Na－Na－Na－Na ナチュラル
Na－Na－Na－Na－Na－Na ナチュラル
Na－Na－Na－Na－Na－Na ナチュラル
Na－Na－Na－Na－Na－Na ナチュラル　〔※〕

そう　悲しいことがあったなら
なにか　楽しいことを探しにゆこう
うまくいかないとき　落ち込んだときは
あの景色に会いにゆくんだ

きみと　そうさ　ぼくらナチュラル

〔※〕　2回繰り返し

もし　未来が見えてしまったら
今日を生きる意味をなくしてしまうよ

ぼくの好きな景色　きみに見せたいな
さみしいときは空を見上げて
きみは　そうさ　ひとりじゃない

〔※〕　2回繰り返し

夜がなければ　朝の光を
喜ぶことはできないよ
きみの　笑顔が大好き

〔※〕５回繰り返し

♪校歌「その名ひびきの」♪

学校に関する音楽活動のなかで嬉しかったのは、新しく開校する小学校の校歌を書かせていただいたことだ。ずっと歌い継がれて、歌われるたびに良い影響を広げられるような歌を残したいと願ってきた。校歌制作の役目をいただき、建設中の校舎や街の様子を取材させていただいた。事前にいただいていた資料だけでは、「緑豊かな」という歌い出しが浮かんでいたが、実際に訪れたら緑が輝いていた。そして丘の上に新しい校舎が建設されていた。

それぞれの街から小学校にやってくる子ども達は、慣れるまで不安もあるかもしれない。その心が校歌を歌うことでひとつになるように願いを込めた。子ども達や地元の皆様からいただいたアンケート資料を元に、愛着を持てる地元の景色や歴史も歌詞に盛り込んだ。海の向こう、空の向こうの広い世界をイメージできる視点も入れた。悲しいときも悲しみだけがすべてにならないように、広い視野を持てるように。そして一人でいる子がいれば手を差し伸べ、声をかけられるような教室をイメージした。学び舎と街がひとつになり、歴史の上に立ち、未来を築ける新しい今日を過ごせるように歌詞を書いた。

昨日悲しいことがあっても、今日は新しい１日なのだ。明るい声が出せるということは、心も体も元気に健やかだということ。未来永劫、明るい声が響き合うことを願って北九州市立ひびきの小学校校歌「その名ひびきの」を作詞作曲させていただいた。

◇今日は新しい1日

ひびきの小学校校歌「その名ひびきの」

作詞作曲　冨永裕輔

緑かがやく 学びの丘に
明るい声が 今日も響き合う
心ひとつに 羽ばたく空に
太陽の光 見守る帆柱
新しい時代が ここに始まる
その名ひびきの
我が母校 その名ひびきの

歴史伝える 江川のほとり
元気な声が 今日も響き合う
命ゆたかに 育む海は

夢を世界へ　つなぐ響灘
新しい故郷　笑顔広がる
その名ひびきの
我が母校　その名ひびきの

未来を築く　学研都市に
優しい声が　今日も響き合う
勇気を胸に　さしのべる愛
希望の風が　つつむ舟尾山
新しい自分と　友達がいる
その名ひびきの
我が母校　その名ひびきの

北九州市立ひびきの小学校　開校式典に参加して児童とともに校歌「その名ひびきの」を歌う

♪帰りを待つ人♪

ＮＨＫみんなのうたのプロデューサーに言われてずっと励みにもしていた言葉がある。

「いつか成長してまた帰って来る日を楽しみにしています」

胸を張って報告に行けるときが来たら会いに行こう。そう思いながら九州での日々を積み重ねていた。そして６年の歳月が流れ、２０１５年に「明日への翼」が教科書に採用、合唱で歌われるようになったとき、会いにいけるときが来たと思った。

６年ぶりの渋谷、ＮＨＫ。その後の九州での日々のなかで積み重ねた経験、楽曲を、自分のことのように喜んで迎えてくれた。魚が広い海を旅して立派に成長して遡上して帰ってきたようだと歓迎してくれた。

そしてそのとき、新たなご縁が生まれた。奄美大島出身の歌姫として人気の城 南海さんのことを教えてくれたのだ。彼女に曲を書いてみませんかという言葉をもらった。実はちょうどその日、私に会う前に城さんの資料を預かっていたばかりだったそうだ。これが、ご縁、タイミングというものかもしれない。

その日のうちから楽曲の制作に入った。そして二日後にはデモ音源を送った。私はちょうど函館ライブツアーの最中だったが、善は急げだと東京で曲を作り函館でレコーディングをした。

そんなスピーディーな動きは私一人で実現できたものではない。盟友のギタリストSho Hamada

君との出会いが私の制作をよりスピーディーに具現化してくれた。

彼との出会いは、彼の父を通してなのだがこれも不思議なご縁だった。

中学校で「乾杯」を歌って以来、長渕剛さんのライブビデオやCDを聴くようになり、上京してからは実際にライブに行くようになった。そのときいつも長渕さんのサイドでギターとコーラスで支えていたのがミュージシャンの浜田良美さんだった。

ずっと遠い存在だと思っていた浜田氏が、実は高校の先輩だと知ったのは最近だった。ずっと知らずに見ていたが、これが運命というものだろうか。

同窓ならばと勇気を持って浜田氏のホームページからメールを送った。今まで何度も励まされたことのお礼と挨拶、自己紹介を伝えた。すると、浜田氏は私のことを知ってくれていた。やっと後輩にミュージシャンが出てくれたかと思っていたそうだ。そして紹介してくれたのが奇しくも私と同じ年に生まれた息子Sho君だった。それ以降、曲作りやライブにおいて私のインスピレーションを具現化するなかで大きな存在となっている。

◇実現力はスピードが命

3　見渡せば仲間がいる

♪SPEED・QUALITY &心意気♪

夢を持ったとき、それを実行する人はかなり少ない。頭であれこれ考えて行動に移さない間に時間はどんどん過ぎていく。だから夢に向かって行動しただけで、もうすでにかなりのライバルを抜き去ることになる。まずは行動するスピードが実現力の鍵だ。

難しい夢は倍率が高い。人気の学校や会社、職業などの倍率を見たらわかるだろう。しかし、必要な行動を起こしていない人もその数字に入ってくると思うと、相応しい努力を行なうだけでその倍率のなかのかなり上位にいけることになる。倍率が高いほど、実は自分の行動力次第では実現できる確率はとても高いということなのだ。

その上で、質が勝敗を分ける。行動することでかなり上位に行けるが、その上で質を高めれば実現の確率も極めて高くなる。そして成果を上げ続け夢を実現し続ける一流に共通しているのが、心意気である。心意気というのは損得勘定抜きにして、自分の持てる力で相手のために何をしてあげられるかのみを考えて行動することである。

素早いスピードで行動し、相手が求めている質を提供できる人は必ず求めたものを実現できる。長年活躍する素晴らしいミュージシャン達との出会いで実感したことでもある。そのような人は、人を幸せにして求められ続けるから活躍し続ける。

共通の大きな目標を実現するために、自分は最も得意なことに集中する。苦手なところはそれが得意な人に担ってもらう。そして一人では成し得ない大きな成果を、皆で共有する。それが好循環であり、幸せを大きな輪にして分け合うことである。これからの時代で目指すべき形だと思う。本当の仕事はきついことや嫌なことを我慢することではない。

好きなことで力を合わせて大きな結果を実現するコンサートや、学校で言えば文化祭などの体験も参考になる。誰からも強制も強要もされることなく、実現したい理想の元に集まるチームは何物にも負けない力を発揮する。

◇互いに得意なことで力を合わせる

♪ブートキャンプ再び♪

みんなのうたプロデューサーさんはあまりのリアクションの速さに驚きとともに喜んでくれた。そこから、再びのブートキャンプの数カ月が始まる。みんなのうたのときを思い出した。人生の中で出会う人は、自分にとって何かしらの役割があると思う。そしてこのプロデューサーは必ず厳しい修業を課してくれる。制作と修正の日々。しかしそれを乗り越えたときに、必ず私は階段をひとつ登れていた。

結果的に数カ月で10曲以上の楽曲を制作し、ついにプレゼンということになった。音源と楽曲解説資料と直筆の手紙を添えてそれが城さんの元へ運ばれた。

しかしその後しばらく返答はなく、また数カ月が過ぎていった。

数カ月後に突然私の携帯が鳴った。城さんが所属するレコード会社の音楽プロデューサーさんからだった。プレゼンした楽曲の中で「愛唄」という楽曲が、本人も気に入ってくれて採用ということになったということだった。

「じつに良い曲ですねえ」

プロデューサーさんはしみじみと電話越しにそう言ってくれた。

一度はフラれたメジャー業界に私の楽曲が認めてもらえた瞬間だった。

そしてこの作品が、私にとっては作家としての嬉しいメジャーデビュー作ということになった。

そしてみんなのうたに帰った私にとって、もうひとつ実現したい話が持ち上がった。

それはみんなのうたコンサートである。

全国各地で開催されているみんなのうたコンサートのことを知った。ぜひ、故郷の北九州市で開催してたくさんの人に楽しんでもらいたいと思った。

コンサート開催をともに実現してくれる北九州市の会場を探した。この年に私のソロコンサートを開催してくれていた黒崎ひびしんホールに相談した。そしてこの会場でみんなのうたコンサートの開催が決まった。それからの日々、ホール満席を目指して宣伝活動に東奔西走した。地元北九州市のみなさんをはじめ、九州各地や、関東からも多くの人が駆けつけてくれた。そして２０１７年1月21日、８００席の黒崎ひびしんホール満席で幕が開いた。幼い頃からカーステレオでいつも聴いていた歌をみんなで歌った。ご褒美のような幸せな時間だった。ずっと大切にしていたみんなのうたのカセットテープをポケットにしまって歌った。歌を愛したから、歌に愛してもらったのだとステージで感じていた。

◇悔しい思いも糧にすれば必ず報われるときが来る

♪ホークス♪

幼い頃から愛を注いだものは、大人になってから愛を返してくれる。

私は地元に北九州市民球場があったこともあり、弱小時代からホークスの試合を見に行き、ファンになっていた。今はなき平和台球場に親に連れられて行った記憶もおぼろげながら残っている。

小学6年生時の観戦で、鮮明に記憶に残っているシーンがあった。

カーンッ！　木製バットの甲高い打球音が晴天に響き、白球が右中間スタンドに吸い込まれるとスタジアムはまさにお祭り騒ぎだ。太鼓にメガホン、トランペットが鳴り響き、紙吹雪が風に舞った。「おめでとうございます！　山口裕二選手、今シーズン第1号のホームランでございます」ウグイス嬢が今まさに代打ホームランという離れ業をやってのけた選手を称え、ダイヤモンドを一周するその選手に2万1000人が拍手を送った。

1995年8月27日北九州市民球場、福岡ダイエーホークス対千葉ロッテマリーンズ公式戦のワンシーンである。そしてその2万1000人のなかの一人に、当時小学生だった私はいた。内野スタンドから見た冒頭の光景を今でも鮮明に覚えている。

今でこそ常勝軍団の人気チームとなったホークスであるが、当時は下位を行ったり来たりの状況であり、この日の試合も結果的には9‐3で敗れている。そんななかでの代打ホームランだからこそ、ファンはまるでお祭りのように喜びを爆発させたし、私の心にも強く刻まれるシーンとなった。

それから12年が経った2007年2月。私は大人になり、夢だった歌手としてデビューアルバムのリリースライブを宮崎県のシーガイアリゾートのカフェで行なっていたときのこと。ライブ後のCDサイン会に並んでいただいた方のなかに、どこかで見たことのある方がいた。それが山口裕二さんであった。その後、現役を引退されて球団マネージャーとなっていた山口さんが、偶然にも宮崎キャンプ休みのこの日、私のライブを聴いてくれたのだ。

「良い歌だね」とCDを買ってくださり、私は小学校の頃の思い出をお伝えして、そこから今日に至るまで応援していただいている。ホークスが東京に遠征に来ると試合に招待してくださり、あるときは当時の王貞治監督から激励をいただいた。

「厳しい世界だけど一生懸命がんばってね！」

このエールもずっと励みにしている。応援し続けたホークスの方々からの応援が返ってきた。

そして、その後実現したのは、和田毅投手登場曲「War」である。

♪世界デビュー♪

大学時代に神宮球場で観た花の早慶戦。ブラスバンド、チアリーダー、応援団の応援合戦で盛り上がり学生も一体となって声援を送った。そのマウンドの中心には、和田毅投手がいた。私が1年生のときの4年生エースであった。

その当時、のちにプロ野球界に進む青木宣親選手や、鳥谷敬選手、田中浩康選手、武内晋一選手などの活躍により早稲田大学野球部は黄金期を迎えていた。そのチームを引っ張っていたのが和田投手だった。リーグ優勝後には、神宮球場から早稲田のキャンパスまで優勝パレードの提灯行列といって数万人で2時間ほどをかけて練り歩いた。マーチング演奏に先導されて車道を歩きながら応援歌を歌った。ビルの上から手を振る人々や紙吹雪も舞い、花火も上がった。まるで自分が凱旋する戦士のような高揚感に包まれた。

その夜、大隈講堂で優勝祝勝会が開催されるということで、和田投手はじめ選手たちを間近で見られるのを楽しみにしていた。しかし、残念ながらその時間帯はアカペラサークルの練習と重なっていたのだ。それも先輩と組んでいたグループだったため、個人的な都合で変更することもできない。私は祝勝会への参加を諦めた。

山口さんを介して和田投手とは、私がデビューした年に思い出の神宮球場で正式な対面を果たす。そしてそれから10年後、10周年を迎えた私に嬉しい依頼をいただいた。２０１７年シーズンの和田投手登場曲の依頼である。

それは私の番組にゲスト出演いただいた夜の会食で告げられた。その日から年末年始と制作に当たり、

「戦争に行くような気持ちでマウンドに立っている。鼓舞されるような強い歌、そしてドームが一体になる歌を」

という依頼に応えるべく取り組んだ。

そして初となるハイビートロックナンバー「War」が完成した。

最初に聴いていただくときの第一印象が重要である。デモの段階から万全のレコーディングを施した。ドラムは、長渕剛さんバンドでも活躍の矢野一成氏に依頼。魂のドラムが刻まれた。そして年が明けて和田投手に聴いていただいた。

「直すところがない、感動した」

という嬉しい感想をいただいた。

「War」は話題を呼び、スポーツ番組やスポーツ紙で特集が組まれ、世界１２０カ国で配信され目

標であった世界デビューが実現した。

２０１７年シーズン開幕投手の和田投手がマウンドに上がり「War」がドームに響き渡り、イメージしていたように和田投手はヒーローインタビューのお立ち台に立った。

あのとき祝勝会参加を我慢して歌の練習を選んだことへの、音楽の神様からのささやかなご褒美かもしれないと思った。

私が国歌独唱をやらせていただくとチームが日本一になるということを言われた。２０１１、14、15年シーズンに国歌独唱をさせていただいた年が、ホークス日本一のシーズンとなった。16年にも歌わせていただいたがその年は2位だったのであくまで偶然だと思うが、何かしらポジティブなパワーを歌で広げられたらいいなと思っていつも歌っている。

「War」～福岡ソフトバンクホークス和田毅投手登場曲～
作詞作曲　冨永裕輔

And so it goes, 夢に続くこの道をゆく Going on and on…
どれだけ孤独を背負いながら 言葉にできぬ想いを抱いて
走り続けた 足跡は遠く Past days

どれだけ長い時間の中で 言葉よりも絆を信じて
走り続けた 道は広がって Find a way
高く手を掲げ 歓声の中で 踏み出す舞台は Diamond
You just watch me!

戦いの瞬間が今始まる 高鳴る鼓動がひとつになる
夢に続く Journey
戦いの瞬間を今見守る 幾千の声がひとつになる
君に捧ぐ Victory 〔※〕

やりきれない想いを抱えて 誰も代われない居場所見つけ
挑み続ける 新しい日々よ Nowadays
太陽に顔を向け 光射す方へ 踏み出す舞台は Diamond
You just watch me!

戦いの瞬間が今始まる 高鳴る鼓動がひとつになる
勇気を胸に Try again
戦いの瞬間を今見守る 幾千の声がひとつになる
君と越える Night and day

栄光の Stage へ 追い風を受けて 舞う

戦いの日々を今導く 勝利のために何も恐れず
君のための Hero
戦いの日々を今迎える 仲間の力がひとつになる
Goal を目指し Here we go {※ Repeat}

♪各地に光を当てる歌を♪

自分の住む街に愛着を持っていると、能力が開花してパフォーマンスが向上するそうだ。例えばスポーツでもアウェイよりホームのほうが戦績が良いという例は多く見られるだろう。その街が味方であるという愛着は安心感をあたえてくれる。その地に根ざした気持ちを持てると心身ともに安定する。

その街にそれぞれの素晴らしい歴史や文化、特性が必ずある。そこに光を当てる歌を作れたら、地元の素晴らしさを再認識できてその街に住む人たちがより輝くのではないだろうか。そんな思いもあり、ご縁をいただいた各地の街の歌を書かせていただいてきた。

そしてご縁あって築上町のイメージソングを書かせていただくことになった。「ひまわりの花」を地元合唱団の皆さんが歌ってくださっていたご縁もあり、何度も訪れることになった街の魅力、その一方で街が抱える課題も赤裸々に歌詞に綴り、それを気軽なノリで楽しんでもらえるようにラップソングとして完成させた。築上町の月光山天徳寺では毎年紅葉の時期にコンサートに呼んでいただいている。

街からは築上町観光大使の役目をいただき、ご縁に感謝して築上町の観光盛り上げに役目を果たしていきたいと思っている。

♪舞台主題歌♪

地域をテーマにした楽曲を制作するなかで、舞台の主題歌を作曲させていただく機会をいただいた。日本最古の市民劇団の劇団青春座の舞台「若戸大橋物語」主題歌「日々賛歌」、そして「戸畑祇園ヨイトサ！」主題歌「とびはたSUMMER!」である。どちらも作詞は脚本も担当され『北九州の逆襲』など数多くの著作でヒットを飛ばす作家・葉月けめこさんである。高校の先輩でもある。

築上町観光大使に委嘱

築上町文化会館コマーレ大ホールでのコンサートに全国から足を運んでいただく

脚本を読んでからの作曲、また舞台の主題歌というのも実現してみたかった夢であった。脚本を読むとまさに映像が浮かんでくるようでワクワクしながら作曲した。

当たり前にある故郷の景色も、多くの先人たちの苦労や命の犠牲の上に今日成り立っていることが多い。そのことを知り、思いを馳せると同じ景色も違って見えてくる。そして、愛されて託された未来の上に生きる自分達は、どんなときも一人ではない。

「若戸大橋物語」はNHK　BSプレミアム「新日本風土記」にて全国放映もされた。ユネスコ無形文化遺産に登録され世界の祭りになった戸畑祇園大山笠。「とびはたSUMMER!」は地元の飛幡八幡宮で流されるなど、地元愛への役目をいただいている。

♪ありがとうの力♪

コンサートでアンコールをいただいたとき、必ず歌うようにしている曲がある。それは「ありがとう」だ。「ありがとう」という言葉は人を幸せにしてくれる。その歌をマイクを使わずにアカペラで歌う。大ホールでのコンサートのときも生声で届ける。機械を通さない生声の振動で、直に心から心へ感謝を伝えたいという気持ちと、アカペラという自分を育ててくれたルーツへの感謝も込めての表現だ。

生声で「ありがとう」を歌いながら会場を歩くと、お客さんが手を差し出してくれる。可能な限り握手を交わしながら歌う。そのときに、涙を流される方がとても多いことに気づく。他のどの曲よりもその光景を目にする。なぜだかわからないけど涙が出るという声を聞く。それこそ「ありがとう」の力だと感じる。

「ありがとう」という言葉は知らず知らずに凝り固まった心をほぐしてくれる。初対面の人とも心を通わせてくれる。「ありがとう」という言葉をいつも心がけるようにすると、どんなことが起きても不必要な抵抗心を感じなくなる。人生には思うようにいかないときもあるが、そんなときも「ありがとう」という気持ちに転換するだけで、とまどいや怒りや不安、後悔などの負の感情に支配されることがなくなる。起こる出来事、訪れる結果、出会う人、それらはすべて今の自分に相応しいものなんだと感謝できると、前向きな意味づけをすることができる。穏やかな心でニュートラルな状態を保つことが、自分の力をどんな状況でも発揮して願望を実現する原動力になるのだ。

◇ありがとうは固まった心を溶かす薬であり　人の心をつなぐ潤滑油にもなる

「ありがとう」　　作詞作曲　冨永裕輔

ありがとうって素直に言えたなら
あなたに伝えたい想いは　たった一言なのに

ありがとうって言葉に出来なくて
いつもこぼれ落ちた想いが　こんなに積もってる
白紙のキャンバスに自由な夢を描けたのは
あなたがいたから

ありがとう　あなたの笑顔に
ありがとう　ぼくと出会ってくれて
ありがとう　あなたの笑顔の種をいま贈ろう
ありがとうを贈ろう

ありがとうって素直になれたとき
心ふさぎ込んだ孤独を溶かす絆があった
白紙のキャンバスに素敵な夢を描きたい
あなたと共に

ありがとう　あなたの笑顔に
ありがとう　繋がっていてくれて
ありがとう　僕らの明日の種をいま贈ろう

ありがとう　あなたの笑顔に
ありがとう　ぼくと出会ってくれて
ありがとう　あなたの笑顔の種をいま贈ろう

ありがとうを贈ろう

♪作家の半生を歌う新境地のシャンソン♪

作家の宗左近さんの作品「響灘」、そしてその半生を題材に描かせていただいたのが「響灘～Les Misérables～」である。作家がフランス文学者であったことと、その生涯があまりに無情を感じさせるものであり、初のシャンソン曲として書き下ろした。初恋の従妹は芸者として売られ、戦時中には焼夷弾の雨のなかで目の前で母を亡くした。親友たちはみな戦地に散った。自分だけが助かってしまったというその想像を絶する後悔と懺悔を生涯背負いながら、しかしそこに向き合い作

作家宗左近氏の作品と生涯を歌にする

品を残していった。『炎える母』などは壮絶な作品である。人生にはどうしてこのようなことが起きるのであろうという、無情な出来事も時に起こる。その出来事の意味と深く向き合うという身を裂かれるような体験を通して、達する境地があるのかもしれない。そしてその境地に達した人は、それを表現して多くの苦しむ人を救う役目があるのかもしれない。

時々、私ももしかしたらそのような役目を持っているのかもしれないとも思う。

「響灘～ Les Misérables ～（宗左近「響灘」「炎える母」「故郷の名前」「新縄文」「未生未死」より引用）」

作　冨永裕輔

わたしが初めて愛した女性は　炭鉱の町へ売られていった
わずか10の齢でゆくその人の頬に蒲公英を押し付けた
「愛さないで　でも憎まないで　いい加減な男でただ笑っていてね　春の風
愛でない愛で愛されたい　それが従兄の愛ではないの
あなたを好きになったわたしが嫌い」

あなたもわたしも　あの川のように澄み切っていた夏
本当の愛など　一かけらもなかったから

（語り）
売ることのできる幸福のすべてを売った不幸　きみ　芸者
買うことのできぬ不幸のすべてを買いたがった不幸　おれ　文学青年
「明日水上げ　嬉しくて悲しくて　馬鹿々々しくて
あなたからだと　日記に嘘書くの

裸で入ってこんとね　菊池川の鮎にならんとね
ね　一緒に死んでくれる
鮎が一匹で死のうが二匹で死のうが
阿蘇山の煙には何の関係もないわよねぇ　ねぇ」

こころのなかに肉体がないように　私のなかにこころがない　そうして
ないこころのために　兵隊にならなかった　わたしが立っている
そのおれを許す　このおれが許せるか

あの世とこの世の　間の今を生きてゆく運命
大空の砂漠探して　散った君のあとで

母と別れて泣かぬ　犬と別れて泣くクリスマス
おれを嫌がるおれを嫌がらぬ母を嫌がるおれ　草毟る
「いかんでよか　パリの月が玄界灘に
どんな涙ば落とすとね」

故郷の名を言わなかった母　横の雲
従妹が売られた夜　薄暗がりの長押を見ていた　いつまでも見ていた
その後姿が　やがて　長押よりも黒ずんでいった
なぜか今は　赤茶けた闇がある

あなたの手を離し　炎の中を私だけ走る
私を産んでくれた　炎える母を残して

お母さん　あなたを死なせてしまいました
力を尽くせば　救い出すことができたのに
友達たち　君たちを死なせてしまいました
工夫を凝らせば　死地にゆかせないことができたのに

奪れぬ天下だから奪れ 父の号令　五月闇
天下を奪らなかった父の遺産　日本刀　大玄海
滝飛沫　死んだ　生まれた　泣いた　笑った
あの世とこの世　牧山峠 一本道　きみとおれ

（語り）
きみ去ってからの　水たまりの虹
「虹、それは前生の祈り」
遠賀川　遠くの賀びは　近くの悲しみですか

鳥泳ぎ　魚飛ぶなら　そこがどこでも　響灘
あぁ　響灘

♪10周年を迎えて♪

デビュー10周年の区切りにデビューアルバムのセルフカバー＋「War」や「愛唄」「Sing With You」など最新のボーナストラックを収録した10周年記念アルバム『すずなり～10th Anniversary～』をリリースすることができた。もともとデビューアルバムは自分らしい世界が一番詰まったアルバムであり、そのアルバムを10年の経験を積んだ今アレンジから作り直し、すべて歌い直したというスペシャルな1枚だ。自分らしさと新しさが詰まったアルバムになっていると思う。帯には和田毅投手にコメントを寄せていただいた。

「優しさと力強さ。冨永君のこれまでの道のり、これからの挑戦を感じることができるアルバムです」福岡ソフトバンクホークス和田毅

まさに自分の10年の歩みとこれから、そしてその中での有難いご縁が結集した1枚である。ジャケットデザインもデザイナーさんと力を合わせてこだわり完成させた。シルバーの幹にゴールドの実が末広がりにすずなりに生っている、縁起の良い開運モチーフだ。歌詞カードには10年の各地でのライブの写真と、これからのまだ白紙のネガに前向きなメッセージを込めた。

夢を咲かせて実現させるためには、その種を育てなくてはならない。持っていない種の花は咲かせることができない。興味のある種を欲しい数だけ自由に探して植えたらいい。そして最も大切な自分らしさの種は誰しもが生まれ持っている。そのことを思い出すために人生の前半の多くの経験があるのだと思う。そこでは苦難も経験するものだが、その全てが自分らしさの花を咲かせて夢を実現させるための恵みとなる。

人生の後半でその花を咲かせていくプロセスは、自分を育ててくれた故郷や多くの人たちへの恩返しの道のりでもある。咲きかけている自分らしさの花で世の中に貢献していくことで、さらにその花は天高く伸びていく。自分のルーツに根ざして咲かせていく花は、やがて広い世界へ幸せを届けられる唯一無二の自分らしさを結実させる。

私もまだ自分らしさの花を大きく咲かせていく道のりの途中である。時には転ぶこともある。で

もそこから立ち上がる経験こそが、その花をより大きくしてくれることを知っている。

願っていた役目を果たして生きていけることを幸せに感じ、感謝している。自分らしさの花を咲かせてより良い未来に活躍していく仲間達との出会いを楽しみにしながら、私も幸せの輪を広げていけるようこれからもうたうたいの旅を続けていく。

4　何度でも立ち上がる

♪仏教賛歌♪

人生の前半で自分らしさというものを追求して使命に目覚めると、人生の後半ではいよいよ自分らしさを社会や世界で実践していくことになる。人生の前半後半というタイミングは人それぞれだと思う。その目覚めが早い人もいる。しかしどのタイミングでも遅すぎるということはない。

もともと甲子生まれの私は、寺社仏閣に住まう鼠という意味を持っているようだ。そのためか、宗派を越えてお寺にライブに呼んでいただくことが年々増えている。

最初は北九州市三萩野にある西蓮寺のご住職、黒田幸裕さんとのご縁からであった。同窓である黒田さんとの出会いは早稲田大学稲門会だった。その後親交が深まり、れんげの花保育園、れんげ乳児保育園の園歌を書かせていただいた。そして新たな世界観の歌を書く機会をいただいた。仏教説話からの楽曲制作である。

♪「二河白道」「アジャセ王の救い」♪

「二河白道《にがびゃくどう》」というのは、人生を例えたお話で、人生の道をいくとき正しい白い道はわずか15㎝しかない道のりだと説く。そしてその道の南には炎の河が流れ、北には水の激流が渦巻く。炎は怒り、水は欲などといった煩悩を表す。後ろを振り返ると野獣の群れが迫ってくる。これも欲望や恐れといったものの比喩である。そのような絶体絶命の道のなかを西の浄土、悟りの境地へと進んでいくのが人生であり、覚悟を決めて進めば実は決して落ちることはないし、死ぬこともないというお話である。

まさに自分も含めて、このような人生の只中を歩んでいるのではないだろうか。なにかを目指そうとしたら不安を抱く。内面から湧く怒りや恐れだけではなく、人生には外からの誘惑も多い。それらに惑わされることなく、己の道を突き進む。そのなかで自分らしい人生というものが見つかり、やがて多くの人生を照らせる存在になり得るのかもしれない。

『アジャセ王の救い　王舎城悲劇の深層』（鍋島直樹著）というお話には、実際にブッダの時代に実在したアジャセ王の悲劇が描かれている。そそのかされて実の父である王を殺して、母をも投獄してしまったアジャセ。その罪の意識に苛まれて救いを求めていたなかでブッダと出会う。そのときブッダは罪をも含めて等しく照らし包む愛を与える。仏教用語で月愛三昧《がつあいざんまい》というものである。初めて心から愛してくれたことで、アジャセは自分の罪の償いへと心から向き合えるようになる。そして親への不信感から歪んだ愛情で罪を犯してしまったが、実は自分は親から愛されていたということを知るに至った。

ブッダに愛され、父母に愛されていたことを自覚したアジャセは、もはや愛されることを過剰に求めはしない。愛に飢えていた今までは我が身可愛さが優先されて、過去の行ないへの後悔や、地獄に落ちるかもしれない未来に怯えていた。しかし愛されていることを知ったアジャセは地獄に落ちることすら恐れなくなった。むしろ自ら地獄に行き地獄で苦しむ人たちを救いたいという境地に達したのだ。私はそのことに大きな感動を覚えた。それこそ究極の利他愛だと思う。自分の人生の運命を受け入れたときの人間はとても強い。

アジャセはその後大きな使命を果たすことになる。紙もペンもなかった時代に葉っぱを紙にしてブッダの教えを書き残した。一説によると、それが今もお墓で見かけるお経が書かれた卒塔婆の原型であるそうだ。アジャセが後世にブッダのお経を、仏教を伝えたと言っても過言ではない。

アジャセがもし罪を犯さずに平穏な王としての一生を過ごしていたら、このような大きな役目を果たすことはなかったのではないか。人生の本当の使命は逆境でこそ見つかる。逆境こそチャンスであり、そこから本当の人生が始まるのかもしれない。地位や名声などこの世の中で手にできる物質的な豊かさにどれほどの意味があるのだろうか。本当の価値は、己の人生の使命を見出しそれを全うすることではないだろうか。そしてそれに気づくのに遅すぎるということはない。心から償いを求めたとき、必ず救いが訪れる。そこで見つけた使命に残りの人生を注いだとき、同じ罪に苦しむ多くの人を救うことができる。

私も人生の苦しみと向き合いながら歌を紡いできた。苦しみが歌になり昇華されたとき、一歩前に進めた。人生に起こる苦しみや悲しみの意味を問い、その答えを見出した歌を届けることで、同じように人生の苦しみを乗り越える人の力になれたならこれ以上の幸せはない。

「愛語」という仏教で大切にされる言葉も素敵だと思う。相手を思う愛に満ちた言葉を使うということである。相手をいたわり寄り添う言葉で人と接すること。その気持ちは常に大切にしている。

◇逆境こそチャンス　生きる使命が見つかる

「逆境の花」　作詞作曲　冨永裕輔

逆境の中 花を咲かせる

逆境に咲く儚い花よ
いまこそ己の花を咲かせろ
逆境にこそ咲く花がある
愛にすがらず 愛になれ

償いの意味を 求めたときから
過ちはきっと 救いへと変わる

月の光は 影も優しく包む

逆境に咲く儚い花よ
いまこそ己の花を咲かせろ
逆境にこそ咲く花がある
愛にすがらず 愛になれ

ひとりで抱える罪なんてない
いくつもの縁《えにし》導かれし刹那
浮世をともに生きる ひとつの海に

断崖に咲く水仙の花よ
願い叶え天まで届け
断崖に咲く可憐な花よ

生きてこれからやり直す
逆境に咲く儚い花よ
いまこそ己の花を咲かせろ
逆境にこそ咲く花がある
明日に向かって 生きてゆく

作詞作曲　冨永裕輔

「二河白道」

いま西へ旅にゆくとき 南には火の河流る
そして北には水の激流 振り向けば野獣の群れ
心を決めて 突き進むとき
怖れは消えて 道は開ける
死を決めて道をゆくとき 東から声が聞こえる

〝この道をゆけ きみは死なない 白い道を進みゆけ〟
心を決めて 立ち向かうとき
時間を越えて 道は開ける

顧みず旅にゆくとき 彼岸から声が聞こえる
〝まっすぐに来い きみは落ちない 信じてまっすぐに来い〟
心を決めて たどり着くのは
見慣れし故郷 友よ 家族よ

心を抱く 光護《まも》られ
永遠に生きよう 道を照らして
心を決めて 突き進むとき
怖れは消えて 道は開ける

「れんげの花保育園園歌」

作詞作曲　冨永裕輔

1. どんぐりの木の門をくぐって
みんなに笑顔で〝おはよう!〟
のの様も見守っているよ
いつもみんなのすぐ近くで

ランランラン　れんげの花ひらく
ランランラン　れんげの花保育園

2. つみ木をつみ上げてあそぼう
絵本を仲良く見よう
かけっこでお腹がすいたら
おいしい給食がまってる

ランランラン　れんげの花ひらく

ランランラン　れんげの花保育園

3.
今日も一日楽しかったな
みんなの笑顔に〝ありがとう〟
のの様も笑っているよ
みんなの声合わせうたおう！

ランランラン　また明日も来たいな
ランランラン　れんげの花保育園

ランランラン　れんげの花ひらく
ランランラン　れんげの花保育園
ランランラン　れんげの花保育園

「れんげ乳児保育園園歌」

作詞作曲　冨永裕輔

1.
今日も元気にお・は・よ！（お・は・よ！）お友達
あったか笑顔の優しいおうち
見守るのの様に　手を合わせ
すこやかに育て　れんげのこども

2.
今日も元気にあ・そ・ぼ！（あ・そ・ぼ！）どろんこで
笑顔がはじける楽しいおうち
見守るのの様に　手を合わせ
すこやかに育て　れんげのこども

3.
今日もおいしくた・べ・よ！（た・べ・よ！）給食を
お昼寝もいっしょ　みんなのおうち
見守るのの様に　手を合わせ
すこやかに育て　れんげのこども

また明日会おう　れんげのこども

もし私が夢を捨ててしまったら、この世の中に夢をあきらめた人が一人増えると思った。それはこの世界にとっては良いことだとは思えない。私が夢をあきらめることも、あなたが夢をあきらめることも、世界にとっては大きな損失になると思う。

立ち止まることや回り道することはあっていい。世の中に貢献する。世の中のために何ができるか考えて行動する。その歩みの先には必ず夢の実現があるように思う。

その始まりは自分自身のちっぽけな悩みだったりする。本人にとってはちっぽけではない人生を左右するような悩みだ。しかしそのようなことは大なり小なり誰しもが通る道だ。そしてそのような中で、人は己の人生の意味、使命に気づいていく。その中で自分を磨き成長して歩みを進めるとき、多くの人に支えられて夢は実現していく。その感謝に気づけたとき、本当の人生が始まる。自分の使命、つまり自分らしい生き方によって自分が生きるこの世の中に恩返しをしていくこと。はじめは身近な人への恩返しが、やがて広い世界への貢献となっていく。そこからが人生の後半たる、本当の自分の人生のスタートだ。やがて実現したいビジョンはどんどん大きくなっていくだろう。だがその頃には、どんなに大きな夢も実現できることを知っている。

人生の後半が早く始まる人は、それだけ若くして鮮烈な体験があり多くの役目を果たしていく。しかし早いか遅いかは問題ではない。生きているうちにそこに気づいて本当の自分の人生を歩めるかが大切だ。生まれてくるときには、必ず誰しもが願いを持っている。その願いの花を咲かせられるか。それが人生のテーマだ。そしてその花を咲かせる何よりの栄養は、愛である。愛とは大げさなことではなく、この世界のすべてに息づいている。愛が失われつつあるところには、破壊や支配、疑心暗鬼、恐れや不安といったエゴがはびこってしまう。愛とは自分らしい生き方で他者の幸せに貢献していくことだと思う。だから自分も他者も幸せなのだ。その愛を大きくしていくことに生きれば、幸せな人が増えていくだろう。地球の未来の瀬戸際に立たされている今、一人ひとりが目覚めて役目を果たさなくてはならない。愛に生きて、己の使命である夢を実現していくこと。得意なこと、大好きなことで世の中に貢献していくこと。はじめは小さなことでいい。それが仕事とは限らない。しかし人を幸せにする行ないは、必ず多くの人に求められていくことになるだろう。その未来は今日の中にある。

振り返ると、いつもベストタイミングで自分の成長に必要なことが起きていたことに気づく。挫折、逆境、それも必要なタイミングで贈られていた。

挫折の数だけ人の気持ちに共感でき、寄り添えるようになった。傷ついた数だけ、同じく救いを求めるひとに届く歌が生まれた。そして挫折から立ち上がれば必ず乗り越えられたし、今までの自分が見られなかったような素晴らしい景色が待っていた。

不安や恐れから自分を守ろうとして頭で先回り先回りして考えて選んだ道では、思うような結果にはならなかった。

ワクワクする気持ちに導かれて心で選んだ道の先には、どんな結果になっても晴れやかな気持ちが残った。

自分の心に正直に自分らしい生き方ができたら、不思議と追い風が吹く。必要な出会いが訪れる。自分らしく生きるとき、自分も周りも幸せになれる。

命の数だけ答えがある。どんな仕事にも役目がある。人を幸せにして、自分も幸せになるという役目が。

世界がこのままバラバラになってしまう前に、私たちにはできることがある。

一人ひとりが自分を目一杯生きて幸せの輪を広げることだと思う。

私は音楽を通して、人生に対する多くのことを学ばせていただいてきた。そして今も学びの最中である。人生の数だけその人に最適な学びの場が用意されているのだ。

私たち一人ひとりがどんな生き方を選択するかで、住む家の、通う学校の、職場の、街の、国の、そして世界の未来は変わってくると思う。

持てる可能性を存分に育て開花させて、恐れや不安からではなく、心がワクワクして穏やかに調和する道を選択すれば、追い風が吹く。不思議とタイミングが整う。

今回の執筆を通して、初めてこれまでの道のりを俯瞰できた気がする。そしてそのときに見えてきたものがある。

それは、人生に起こることは自分が求めたことであるということだ。その時々で自分が選択した結果だということだ。無意識で選んだこともあるかもしれないが、それでも誰かが無理やりに押し付けたのではなく、自らが選んだことの集積が人生なのだと感じた。求めたことには回答が与えられる。ときにその回答は、自分を試す試練となって表れる。それも自分が求めたことなのだ。その試練を乗り越えたときに、求めたことは実現する。

私は居場所というものと、同じ志に共鳴する仲間をいつも求めていた。自分を追求して自分らしさを見出したとき、自分にまつわるすべてが居場所になる。私でいえば、ライブステージもラジオブースも、曲作りや執筆をするあらゆる場所も旅先のどこかでさえも、音楽を生み出す居場所なのだ。それを周りも承認してくれる。人は人に承認されて役目を見出し居場所を見つけられる。そして自分らしさが放つ光が強くなれば、共鳴してくれる本当の仲間が集まって来てくれる。音楽仲間やファンの方々、私の歌を求めてくれるすべての人たちだ。共鳴してくれる仲間が集まった時、自分ひとりでは成し得なかったことが実現していく。ひとりでは24時間の1日も、力が合わされば1日が30時間にも40時間にもなる。

そしてもう一つ実感したことがある。それは、何度も挫折や逆境を経験したが、結果的には大丈夫だったということだ。死にたいほどに絶望したこともあるし、自暴自棄になったこともある。逃げ出したい、やめたいと思ったことも何度もある。それでも生きることをやめなかったとき、必ず光が射した。

挫折から立ち上がって歩き出したとき、今まで以上に自分らしくなれている自分に気づいた。挫折というものは、心ではなく頭で先回りして道を選んだときに経験していたような気がする。だがいつでもその挫折によって、自分の本心ともう一度向き合うことができた。そのときには、挫折を経験する前よりも成長できていた。挫折にも意味があり必要なことが人生で与えられているだけなのだ。だから必要以上に悲しむことも落ち込むこともない。

そして、愛されていない人は一人もいない。愛されているから、生まれてくることができたのだから。

それに気づいたとき、不必要に未来を憂いたり、過去を悔やんだりするのはやめようと思った。未来には自分に必要なことが待っている。過去は必要なことを与えられた贈り物だ。そのことを信頼するとずっと楽になった。自分の人生を信頼したら、一人で頑張る必要はないことに気づいた。もともと一人では何も成していないのだ。必要な出会いが与えられ、そのなかで磨かれて人は成長し生きている。だからすべてに感謝なのだ。

人を幸せにできる自分らしさに気づき実践し、人生に起こることを信頼して受け入れたとき、夢はすごいスピードで実現する。

常に大きな視野を持っていると、同じペースで進み続けることができる。

何事も卒業してからの人生が長く、本当の始まりであると思う。学校で学んだことをその後に生かすことが、願った人生を実現することにつながる。そして、もしかしたらこの人生そのものも学校のようなものなのかもしれない。私たちは人生で多くの経験を積み成長する。そのなかで地位や名誉や一時の富という成功を手にすることよりも尊いのは、失敗や挫折という先生から学んで成長し、人の幸せのために生きるということではないだろうか。自分の幸せをないがしろにするということではない。自分が幸せでなければ他者の幸せを優先しても長続きしない。転んでも立ち上がり本来の生まれ持った願いに生きて、自身が幸せでその幸せを広げられるような生き方ができたら、それこそが人生を与えられたことに報いる生き方になるのではないだろうか。

自分らしく幸せに生きる人が増えた未来では、調和した世界が実現されているかもしれない。世界がひとつになっている未来をいつもイメージして歌っている。言霊というものがある。繰り返し言葉にしたことは実現する。

私が音楽活動の先で実現したいゴールは、世界がひとつになった未来だ。そこに向かって、これからも何度倒れてもその経験をまた強い歌に変えて立ち上がり、進み続けたい。

「Take it easy」

作詞作曲　冨永裕輔

走り続ける　毎日の中で
走り始めた　あの頃を忘れて
いつの間にか　肩に背負っていた
たくさんの荷物に　押しつぶされそう

そんなときは　一度立ち止まり
空を見上げて　深呼吸をしよう

Take it easy　大切なことをひとつだけ
Take it easy　胸に秘め　いまを生きてゆこう
自分の心の声に　耳を向けてみよう

あるべき姿や　いるべき場所など
誰かが決めた　シナリオなんだろ?
きみの心が描く未来に
きみにしか立てない舞台があるんだ

傷ついてもそれで構わない
眠ったまま生きてゆくよりも
Take it easy　完璧なことに意味はない

Take it easy　誰にでも生きる場所がある
そしていまきみとめぐり逢えた　それが奇跡

Take it easy　何度でも叩いた扉の
Take it easy　鍵はもう…

Take it easy　大切なものがひとつだけ
Take it easy　胸の中あればそれでいい
Take it easy　始まりに願ったことはなに？
Take it easy　これからもずっと変わらない
自分の心の声を聴いてみようよ
そしていまきみと生きてゆける　それが奇跡

エピローグ

幼い頃から大好きだった歌を通して、多くのことを経験し学んできました。

そこに至るまでの道のりは試練、挫折、逆境の連続でもありました。しかしそれを通してしか気づけないこともあり、すべてのことに意味がありました。

人生にはその時々で、今の自分に最も必要なことが贈られているんだと思います。その最中にあるときはなかなかそのような大きな視点で考察することは難しいものです。

私自身の経験を振り返り、夢を実現するために大切なことは何かの、少しでもヒントになることがあれば幸いです。

幸せな人生とは何なのか。人生の意味とは何か。自分らしさとは。

この本が、あなたの幸せな人生に少しでも役立つことができればこれ以上の幸せはありません。

「I Believe」

作詞作曲　冨永裕輔

I Believe きっと誰もが
終わりのないような闇の中で
初めて本当の光を見るのだろう
それがはじまり

傷つくことをおそれて 傷つけ合っていた日々
この瞳に映せば 君の笑顔を守れていたんだろう

遠いあの日の 君の涙を受け止めよう
何も間違ってなかったんだね
そして今 ここにぼくはいる

I Believe きっと誰もが
終わりのないような闇の中で
初めて本当の光を見るのだろう

それがはじまり

悩み事の一つさえ 抱かずに生きていたら
空を見上げずにいたね 輝く星も知らないまま

今 幸せが その胸に溢れたのなら
何も間違ってなかったんだよ
そしてもう ここに戻らない

I Believe 煌く星が
途方もない時を刻むように
僕ら生きていこう ずっとひとつなんだ
遠い宙から…

I Believe きっと最後に
たどり着けるものがあるとしたら
それは愛だろうと思っていたけれど

それがはじまり

I Believe きっと誰もが
終わりのないような闇の中で
初めて本当の光を見るのだろう
それがはじまり

I Believe...

[著者紹介]

冨永裕輔（とみなが・ゆうすけ）

シンガーソングライター。音楽家。福岡県出身。北九州市文化大使、築上町観光大使。早稲田大学商学部卒。早稲田大学アカペラサークル活動を経て 07 年プロデビュー、17 年世界デビュー。
2008-09 年、NHK「みんなのうた」で「遠い恋の物語」オンエア。11 年、「ひまわりの花」がNHK北九州放送局 80 周年記念事業「きたきゅうのうた」グランプリ受賞。13 年、北九州市市民文化奨励賞。15年、「明日への翼」が北九州市の小中学生の教材に掲載される。16年、作家としてメジャーデビュー。17 年、福岡ＳＢホークス・和田投手の登場曲「Ｗａｒ」を発表、世界 120 カ国でリリース。11 月、劇団青春座の舞台『戸畑祇園ヨイトサ！』の主題歌「とびはたＳＵＭＭＥＲ！」発表。ＲＫＢ毎日放送、ＪＡバンク福岡など放送各局や企業とのタイアップソング、多数作詞作曲。現在、ｃｒｏｓｓ　ｆｍで冠番組ＯＡ中。
http://www.tominagayusuke.net/

装丁………佐々木正見
DTP 制作………勝澤節子
編集協力………葉月けめこ、田中はるか

自分実現力
The Catch!

発行日❖2017 年 10 月 31 日　初版第 1 刷

著者
冨永裕輔

発行者
杉山尚次

発行所
株式会社言視舎
東京都千代田区富士見 2-2-2 〒 102-0071
電話 03-3234-5997　FAX 03-3234-5957
http://www.s-pn.jp/

印刷・製本
モリモト印刷㈱

ISBN978-4-86565-107-2 C0095

978-4-86565-072-3

北九州の逆襲

北九モンの心意気と
ドラマティック・シティの真実

「修羅の国」はとてつもなく素敵な国！「北九モン」の心意気は健在ですが、誤解が多すぎ！誇るべき「北九モン」気質を細かく検証しつつ、住みやすく、あこがれの街に変身している「北九州」の魅力をあますところなく伝えます。

葉月けめこ著　　四六判並製　定価1500円＋税

978-4-86565-018-1

言視BOOKS

いきなり作詞ができてしまう本！

80年代ヒット曲がお手本

今日からあなたもクリエーター！このシステムならおもしろいように言葉が生まれる！難しい理屈抜き！80年代の名曲をヒントに、どんどん詞が浮かぶシステム。いいフレーズができたら法則にそって組み立てるだけ！訓練法も伝授

葉月けめこ著　　A5判並製　定価1400円＋税

978-4-86565-063-1

「大人のカラオケ」選曲名人

カラオケで実際に歌われている人気アーティストの歌ランキングを大公開。それをもとにオススメ曲を選定。思わぬ発掘曲も多数。「何を歌ったらいいかわからない」という悩みを解決。これで迷わない。マンネリも打破。

富澤一誠＋葉月けめこ＋源祥子　　A5判並製　定価1600円＋税

978-4-905369-90-5

「大人の歌謡曲」公式ガイドブック

Age Free Musicの楽しみ方

あの頃がよみがえる、心の深部にふれる全100曲を完全解説。聴けばもっと知りたくなる、読めば必ず聴きたくなる。著者だけが知るメイキング話、音楽性、時代性、マーケティングなど、様々な角度から解き明かす。

富澤一誠著　　A5判並製　定価1800円＋税